日本のおしゃれ「七十二候」

Fashionable Japanese
72 seasonal patterns

季節とつながる着物えらび、小物合わせ

着物コーディネーター
上野淳美

WAVE出版

はじめに

「きょうはジーンズ、あしたは着物」

「あしたは何着よう？」――日々のおしゃれを考える楽しみに「着物」が加わったのは30歳になって間もないころでした。ファッション業界で働き、流行の洋服に慣らされていた私の目に鮮烈に映ったのは、好きで通っていた骨董屋の女主人の着物姿。若さに頼らず流行に踊らされず、「これが私」と自分らしく着ることを楽しむあり方に触れ、そんなふうに年を重ねながら熟成するおしゃれを身につけたいと思ったのです。

着物がワードローブの一つになって、「何着よう？」の楽しみが増幅されたのは、なんといっても「季節をまとう」よろこびです。昔も今も、着物のおしゃれ軸は季節感。ですから着物の衣替えや絵柄や色合わせを考えるとき、自然のリズムを取り入れて暮らしていた昔の旧暦を参考にすると至極しっくりくるのです。

さらにあるときふと気がついたのは、私が住むこの北海道だと実際の季節に無理がなく着物が着られるということ。たとえば9月はじめの単衣《ひとえ》。関東の残暑では着づらいときもあるけれど、北海道は朝夕涼やかで単衣の着心地がちょうどよい。思えば、近年の地球温暖化で江戸の着物暦はそのまま北上し、今の北国の季節にすんなり合うようになったのかなと、何かすごく腑に落ちる感じがしたのです。

そんな旧暦に5日ごとに移り変わる72もの季節があると知って、この北の地で身近な人たちと一緒に1年間、こまやかな季節にそった日本のおしゃれを綴ってみました。つまり、「日本のおしゃれ」とたいそうに感じるタイトルですが、ひらたくいうとこの本は、旧暦の七十二候を「着る節目」とした着物のコーディネートアイデア集です。

　コーディネートの特徴として、人も自分も私らしいと感じるものは「ちょっとクラシックで、ぴりっとモダン」な雰囲気でしょうか。アンティーク着物は好きですが古着一辺倒ではなく、現代工芸や外国の手仕事などで新しさを味つけします。「こう着なければ」というセオリーを説いたりする本ではなく、自分流のおしゃれ遊びとして。洋服を着るように、着物だからとことさら気構えず、立ちふるまったシワも着慣れとします。

　暑い日はリネンのシャツのように麻の着物をまとい、寒い日はブーツのように雪草履を履いて、自然に心と体をそわせ、自分らしく装う。そんなおしゃれが好きな方に「あしたは着物着よう！」なんて気分になってもらえたら、このうえなく幸せです。

「ｏｔｅｓｈｉｏ」主宰
着物コーディネーター　上野淳美

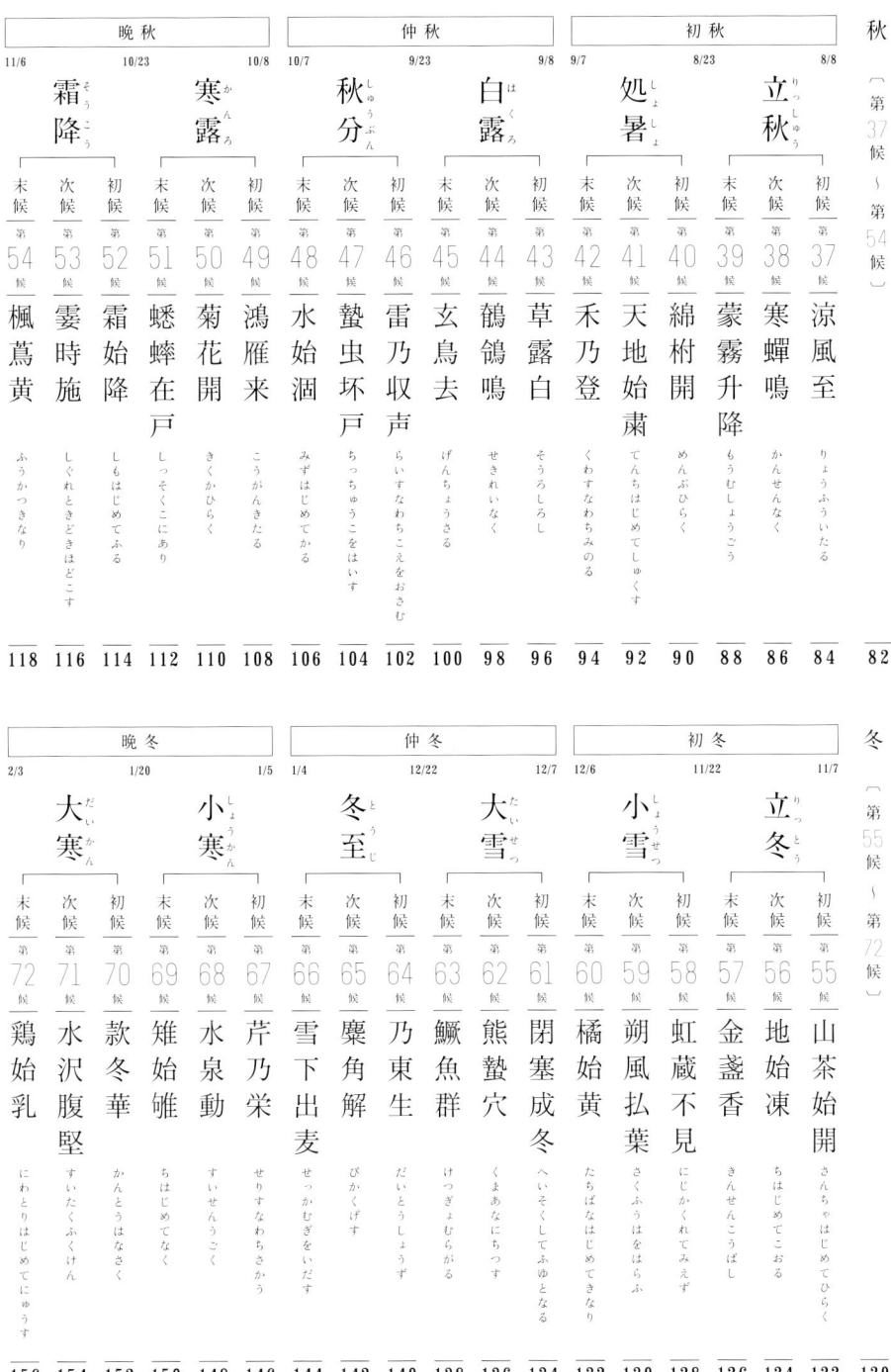

〔第1候〜第18候〕

春

立春《りっしゅん》

初候《しょこう》 2/4〜2/8あたり

第一候

東風《とおふう》解《こおりを》凍《とく》

A spring breeze melts the ice

春の兆しをまとう

立春は春のはじまり。私が暮らす北海道は「雪祭り」の真っ最中で、天地風物に芽吹きの気配を見ることはできませんが、このころから光の明度が確実に上がってきます。雪深いところで暮らしていると、そんな光のぬくもりを敏感に感じるのです。

春の兆しをまとうようにえらんだ着物は、菜の花色を*引き染めした色無地。ちょっと神秘的なムードを漂わせた帯は、沖縄在住の紅型《びんがた》作家・宜保聡《ぎぼさとし》さんの作で「迦陵頻伽《かりょうびんが》」という銘です。お太鼓に描かれた迦陵頻伽とは、「上半身が人で下半身が鳥」という仏教の想像上のキャラクター。お釈迦様とご一緒に極楽浄土にいる霊鳥で、とても美しい声で鳴くので雅楽の演目にも出てきます。

*引き染め…生地に染料を刷毛で塗りつけて染める方法。長い生地を刷毛で均一に同じ色に染めるのは高度な手技が必要となる。

【着物】角通しの地紋が入った菜の花色の色無地

【帯】［宜保聡 作］銘「迦陵頻伽」、紅型の名古屋帯

【帯揚げ・三分紐】青竹色の帯揚げ、［oteshio 製］薄桃色の三分紐

【帯留め】［織田恵美 作］赤絵細描九谷焼き。前柄がシンプルなので赤い帯留めで、落ち着いた華やぎをプラス

【小物】［さる山 製］自在鉤は長さを自在に調整できる。［こばやしゆう 作］小皿に野の花をあしらって

9

初春

立春《りっしゅん》

次候《じこう》

2/9～2/13あたり

第2候

黄鶯《こうおう》睍睆《けんかんす》

A bush warbler sings

春を告げる梅の帯

早春、美しい鳴き声を響かせる鶯《うぐいす》は、別名「春告げ鳥」とも呼ばれています。鶯に梅は日本の花鳥画の定番。つるっとした*塩瀬の生地に梅が手描きされた帯は、日本画そのもの。こんな美術品のような布で身を装うなんて、洋服では味わえない着物ならではの贅沢なおしゃれかなと思います。帯の絵は白い梅花なので、紅と白の2色の帯締めをして紅色を足し、紅白の梅がぽっと咲きほころんでいるようなイメージで組み合わせました。

北海道はいまだ雪深い日もあり、防寒着を着込んだ人が行き交って街はグレイッシュ。3カ月近く雪にまみれて暮らしていると、ピカピカの緑や花々のやさしい彩りが恋しくてたまらなくなります。梅の帯を締める姿が鶯のように、まわりの人たちの目を和ませる「春告げ帯」となったらうれしい。

＊塩瀬…染め帯によく使われる絹織物。

【着物】臙脂（えんじ）色の江戸小紋（万筋）

【帯】塩瀬に手描きの名古屋帯

【帯締め】［きねや 製］白鼠×赤梅色の帯締め

【小物】金運開運を招くという「春財布」。古道具店で見つけた、更紗に相良刺繍のがま口は、中にサイコロが入っていた

11

鶯色

初春

立春《りっしゅん》

末候《まっこう》

2/14〜2/18あたり

第3候

魚《うお》上氷《こおりにのぼる》

A fish jumps up on to the ice

鯉の長襦袢

冬の間、氷下の冷水の中でじっとしていた魚たちが春を感じて動きだす。そんな時候のイメージからひらめいた取り合わせが、氷裂文の紬の着物に、鯉と網目文様の長襦袢です。粋で艶《つや》っぽい長襦袢は、もとは古い着物でした。かなり着込まれたようで生地が薄くやわらかになっていたので*洗い張りに出し、長襦袢に仕立て直したというわけです。こんなふうに古着が新しく生まれ変われるのも、着物ならではの魅力です。

「長襦袢の絵柄がいくら素敵でも着物を着たら見えないのに」と思われる方もいるかもしれませんが、腕をちょっと上げると袂《たもと》から、歩いて動けば裾先から、チラチラのぞきますから油断大敵です。長襦袢に、羽織裏、着物の裏地の八掛にしても、隠れたところにこそ凝りたくなるのは、着物好きの性分でもあります。

＊洗い張り…着物を解き、反物の状態に戻して洗うと生地が蘇る。反物に戻すので寸法を変えて仕立て直すことができる。

【着物】藍の塩沢お召

【長襦袢】鯉と網目模様

【帯】［岩下江美佳 作］銘「花障子」、竹節・格子柄の染め名古屋帯

【帯揚げ・帯締め】紫色の帯揚げ、紫色の帯締め（冠（ゆるぎ）組）

13

初春

雨水《うすい》

初候《しょこう》

2/19〜2/23あたり

第4候

土脈《どみゃく》潤《うるおい》起《おこる》

The ground becomes moist

蜘蛛の帯

雨水。雪が雨に変わって氷が溶けだすころ、やさしい色を身につけたくなります。蜘蛛《くも》の巣をモチーフにした名古屋帯は、女性で初めて、しかも若くして東京染小紋の伝統工芸士になった岩下江美佳さんの手によるもの。

お太鼓の蜘蛛の巣の糸をたどると、タレにちっちゃな蜘蛛がぶら下がっているなんて、モダンな構図に作家のお茶目さが見え隠れ。そんな遊び心にのって「蜘蛛の巣にかかった羽根」と見立てた帯留めを合わせました。

また着物での外出には、バッグに風呂敷をしのばせておくと何かと便利。春夏は軽やかな琉球風呂敷「うちくい」が装いにフィットします。

うちくいは「想いを包む」という意味をもつ、美しい道具。お買い物に立ち寄ってもビニール袋や荷物をうちくいに包んでおけば着物姿を損ないません。

【帯】［岩下江美佳 作］薄灰桜色の染め名古屋帯
【三分紐】［oteshio 製］鴇（とき）色の三分紐
【帯留め】［きねや 製］水牛の角に螺鈿（らでん）を施した羽根
【小物】うちくい（風呂敷）は沖縄の染織作家によるもので、右が［紅露（くうる）工房 製］、左が［内間ルミ子 作］。長紐をつけてもらったら使い勝手がよく、とくにお茶を習っている人たちに好評

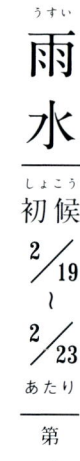

15

雨水《うすい》

次候《じこう》
2/24〜2/28あたり

第5候

霞《かすみ》始《はじめて》靆《たなびく》

The first spring mist hangs in the air

藍の木綿

藍はこの時季に種をまいて、梅雨明けから収穫する植物です。堅牢で、マムシ除けになるともいわれる藍の木綿は野良着によく、かつては日本各地に風土に合った綿織物がありました。着物を着慣れていない人でも藍の木綿を着ると親しんだ風情で、表情がふわっとやわらかくなるから不思議。藍の布のもつ力なのでしょうね。

着物は手織りの古い薩摩木綿に、帯は青森のこぎん刺しの名古屋帯。どちらもかつては土地の女性たちの普段着でしたが、今となっては大変希少になってしまった木綿の工芸品です。着物は洋服のようには年齢を限定しませんが、とくにこんな組み合わせは20代でも70代でも初々しく見えるコーディネートだなと思います。

【着物】藍の薩摩木綿
【帯】こぎん刺しを施した木綿の名古屋帯
【帯揚げ・三分紐】菜の花色の帯揚げ、忘れな草色の三分紐
【帯留め】象牙の帯留め

初春

雨水《うすい》

末候《まっこう》
3/1〜3/5あたり

第6候

草木《そうもく》萠《きざし》動《うごく》

Plants and shoots sprout up

切りビロードの帯

草木が鮮やかに芽吹いてくると、きれいな色を身につけて出歩きたくなってきます。着物は瑠璃《るり》色の小紋。この古着の着物に出合ったとき、裏地をめくるや山吹色の縞が現れてドキドキ。シックでシンプルなデザイン全盛の時代に育った私たちには、青系×黄色系というメリハリのある色合わせは実に新鮮！　歩くと裾がひるがえって足もとが華やぎます。

帯は昭和初期の*丸帯。繻子《しゅす》の生地に、刺繍《ししゅう》や切りビロードで花模様を描いた贅沢《ぜいたく》なもの。切りビロードとはパイル織物の一種で、恐ろしく根気のいる手仕事とか。着物を着る人がたくさんいた時代、「あら、これ素敵！」と女性たちの目に留まるように、職人たちが手技を競ったおしゃれ着は、今見てもとびきりファッショナブルですね。

＊丸帯…広幅の帯を二つ折りにして仕立てた昔の帯。表にも裏にも柄があり、どちらを表にしても結べる。

【着物】瑠璃色の小紋

【帯】深黄色の切りビロードの繻子の丸帯

仲春
啓蟄《けいちつ》
初候《しょこう》 3/6〜3/10あたり
第7候

強くやさしい木綿と刺し子

Insects and animals wake up from their sleep

蟄虫《ちっちゅう》啓戸《こをひらく》

今どきのカッコイイ着こなしの「こなれる」は、着物なら「着慣れる」という感じでしょうか。着物ビギナーだったころ、私が実践したのも「場数を踏む」ことでした。お芝居や落語に、食事会に、骨董屋さんめぐりに。着物を特別扱いせずに生活の一部として着て、気負いをなくす練習を重ねました。そんなとき自分で*洗濯できる木綿は心強い味方になってくれたものでした。

綿格子の着物に合わせた刺繍の名古屋帯は、インドシルクの生地にカンタ（刺し子）を施したもの。刺すことで布地を強くし、少しでも布の命を長くしようとした女性の知恵は、インドでも日本でも変わらないなあと感じます。着物や帯は気に入ったものに出合えたら、上等だからとしまい込まずにたくさん着てあげること。愛情をかけた分だけ豊かに「こなれる」と私は思っています。

＊洗濯…木綿に関しては手洗いして日陰干しして半乾きでアイロンをかけ、ふかっとさせて着るのが好き。

【着物】綿格子の袷
【帯】鉄紺色のカンタで仕立てた名古屋帯
【帯揚げ・三分紐】空色の帯揚げ、［oteshio 製］薄桃色の三分紐
【帯留め】［山崎航 作］山桜の葉、銀細工。ブローチを帯留めにも使えるように留め具を加工
【小物】［喜舎場智子 作］銀製かんざし。琉球伝統の銀細工に現代のセンスを加味したもので和洋のおしゃれに添う

桃《もも》始《はじめて》笑《わらう》

Peach blossoms begin to bloom

春の半襟と長襦袢

古着をリメイクした花柄ワンピースのような長襦袢に、旬の山菜を刺繍した半襟をつけてみました。ワラビ、ツクシ、筍……と、半襟のモチーフを眺めていると春の野山が微笑みかけているように思えて心楽しくなります。

半襟は小さな面積ですが、ぐっとおしゃれ度を上げてくれるアイテム。着物が地味系でも半襟の色や柄を足すと顔まわりが華やいで、印象が明るくなる効用もあります。初心者のころは半襟つけが面倒そうに思えますが、「お裁縫は苦手でも半襟つけはなぜか楽しい」という人は意外と多く、私もそのひとり。

「旅行のときは2枚、3枚、半襟を縫い重ねておくと、旅先で針を持たなくていいからラクよ」とは年配の方に教わった知恵で、なるほどと実践しています。

【長襦袢】薄紫色の花柄の古着をリメイクした長襦袢

【半襟】撫子色の刺繍半襟

【小物】アイヌ彫りの糸巻きと針入れ。昔アイヌの人は数枚の毛皮と1本の針を交換したとか。それほど針はアイヌの人たちにとって大切なものだったのだろう

仲春

啓蟄《けいちつ》

末候《まっこう》

3/16〜3/20あたり

第9候

菜虫《なむし》化《ちょうと》蝶《けす》

Caterpillars turn into butterflies

猫の帯揚げ

「菜の花にまぶれて来たり猫の恋　一茶」

猫の恋は、春の季語。蝶々と遊ぶ、なんとものんきそうな猫の絵が染められたこの帯揚げを、着る前に着た後に眺めては、かわいいなあと目を細めています。といっても私は帯揚げをほとんど見せない着方をするので、帯の内でひっそり猫かわいがりしているだけ（笑）。

帯は紬地に切りばめという手法で、古い唐桟《とうざん》木綿や更紗《さらさ》の端布を切って縫いつけてあるもの。昔の人は「小豆3粒が包める布は捨ててはならない」といったそう。この帯にも布を最後まで活かしたい想いが込められています。着物はゆうな染めの久米島紬です。ゆうなはオオハマボウという木の花で、その木灰を染料にした布は青系グレーの波しぶきのような色。ひねもすのたり、波色の着物に猫の帯揚げを身につけ、ほっこり過ごすのもいいものです。

【着物】薄藍鼠色のゆうな染めの久米島紬

【帯】薄梅鼠色の切りばめの名古屋帯

【帯揚げ】忘れな草色の地に、蝶々を絞り、猫を染め上げた帯揚げ

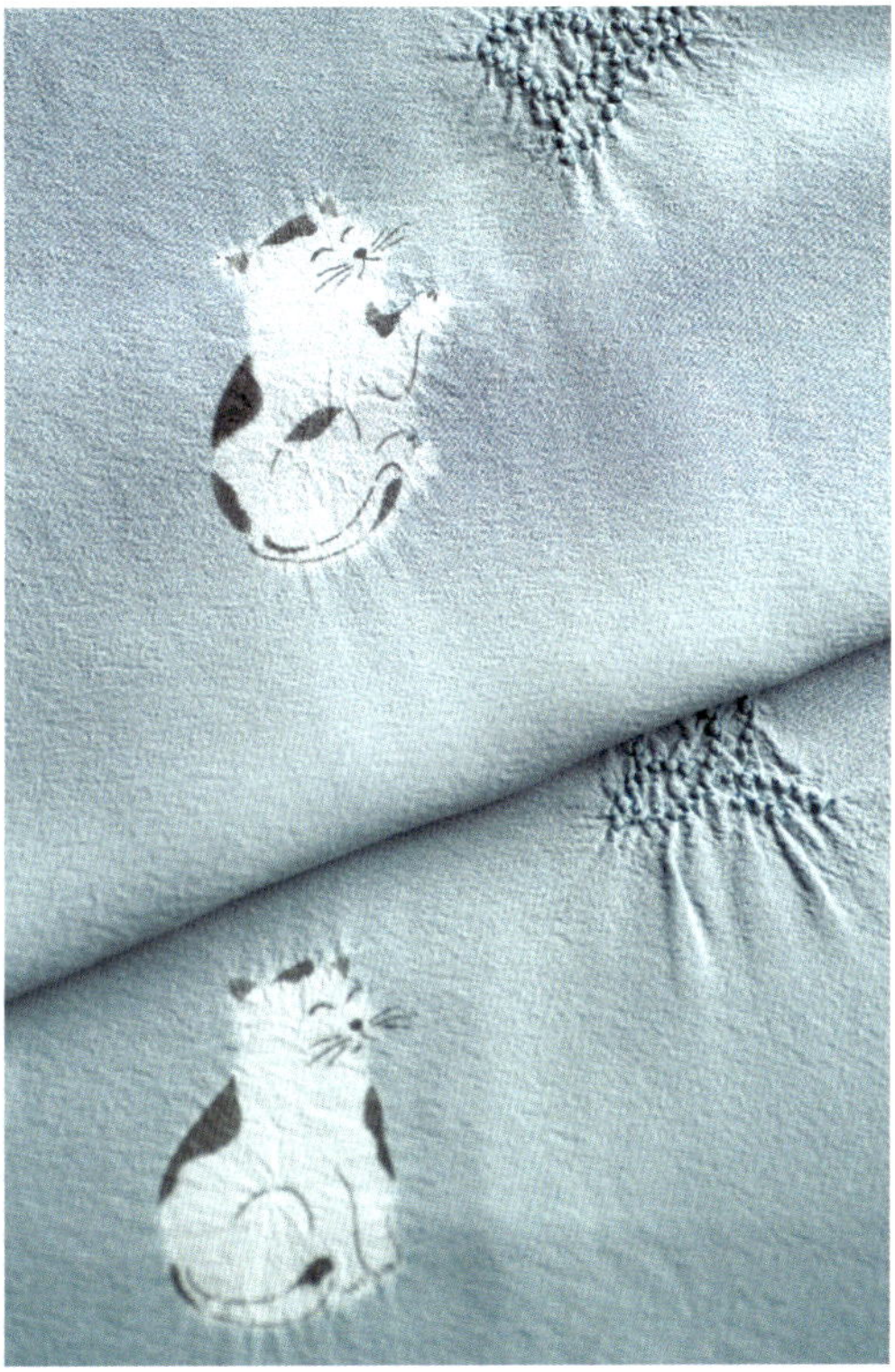

仲春

春分《しゅんぶん》

初候《しょこう》
3/21〜3/25あたり

第10候

Sparrows begin to nest

雀《すずめ》始《はじめて》巣《すくう》

タンポポ色の結城

昼と夜の長さが同じになる春分。日本の在来種のタンポポはこの時季に開花します。最近は外来種のすらっとした西洋タンポポが主流ですが、茎が短く土に這うように咲いた昔ながらのタンポポを目にすると親しみがわいてきます。この亀甲の結城紬の着物は、もとはベージュ色でしたがシミがあったので、タンポポ色に染め替えたものです。お母さんやおばあちゃんからの昔の着物を活用したいけれど、シミや汚れがあったり、なんとなく色柄が古めかしく感じるときに、「染め直し」でイメージチェンジする手があります。その場合、最初から濃い色にするとその後の色重ねが難しくなるので、まずは薄い色で染めるというのが一般的。このタンポポ色なら、次は焦げ茶に染め、さらに濃い茶へと変身を進め、一緒に年を重ねることができるのです。

【着物】タンポポ色の結城紬（亀甲柄）。新しい着物をおろすとき、昔は着物を誂えてくれた男性にしつけ糸をとってもらっていたとか
【帯】［宜保聡 作］紅型の名古屋帯
【帯締め】桃色の帯締め（冠組）

春分《しゅんぶん》

次候《じこう》

3/26〜3/30あたり

第11候

桜《さくら》始《はじめて》開《ひらく》

Cherry blossoms begin to bloom

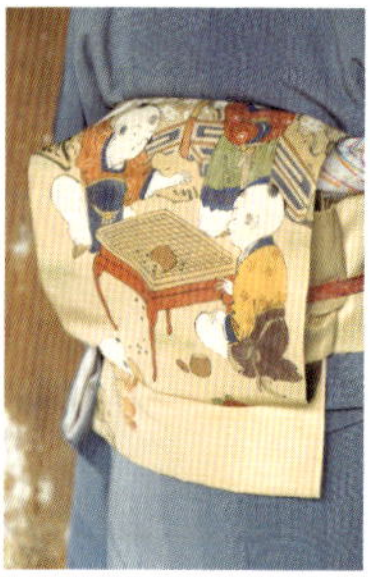

唐子と桜の帯

桜前線が北上。日本全国、今か今かと桜の開花を待ち焦がれる時季です。季節のモチーフは先どりで着るのがカッコイイこととされていて、昔は桜文様の衣装を満開の桜の場で着るのは無粋ともいわれたり。とはいえ着物を着る人が少ない今ですから、たとえば「三分咲きまでしか桜モチーフを着てはならない」なんて厳密にしなくても私はよいと思っています。まわりに失礼にならず、着る人が気分よく楽しめるならば、散り桜を惜しんで着てもよいはずです。

　この桜が描かれた*唐子の帯は、帯全体に絵柄がたっぷり描かれているもの。桜の時季は「唐子と桜」の絵をメインに、それ以外は「唐子と碁盤」の絵がお太鼓に出るように、着つけで調整しています。北海道はゴールデンウィークごろが桜の花時。着逃した方たちは北へいらっしゃいませんか?

*唐子…中国風の髪形や服装をした子どもの模様。子孫繁栄の吉兆文様。

【着物】銀鼠色の江戸小紋

【帯】唐子染め名古屋帯

【帯締め】珊瑚朱色の帯締め（唐組）

【小物】［こばやしゆう作］小鉢。桜茶もこばやしゆうさん自家製。毎年桜を塩漬けしておくそう

仲春

春分《しゅんぶん》

末候《まっこう》

3/31〜4/4あたり

第12候

雷《らい》乃《すなわち》発声《こえをはっす》

Thunder rumbles

モダン紅型

春雷のころとなりました。この紅型帯の銘は「*霊亀《れいき》と鳳凰」。鳳凰は紅型の古典柄としてよく描かれていますが、霊亀は珍しい。この千年以上生きる霊亀には未来を予知する力があるとか。ちょっと元気がないときも、この帯を締めるとなんだか運気が上がってきそうな気になります。

紅型には藍の濃淡の藍型《えいがた》というものがありますが、この帯は白黒の濃淡で、「モダンな墨絵」のような趣き。つくり手は注目の紅型作家の宜保聡さん。40代そこそこの大らかな笑顔をもつ、うちなんちゅう（沖縄の人）であり、また若いころからロックを愛してやまないミュージシャンでもある人。伝統と新しさが共存するさじ加減が独特で、毎年oteshioの個展で発表される作品を楽しみにするファンが増えています。

*霊亀…中国の神話に登場する「四霊」のひとつ（あとの3つは、鳳凰、麒麟、龍）。巨大な霊亀は蓬莱山という不老不死の仙人が住む山を背負っている。

【着物】柳鼠色の江戸小紋

【帯】［宜保聡 作］銘「霊亀と鳳凰」、紅型の名古屋帯

【帯揚げ・帯締め】［oteshio 製］青竹色×若竹色、緑×白の帯締め（丸組）

玄鳥《げんちょう》至《いたる》

Swallows arrive

石楠花の帯

着物は風通《ふうつう》お召《めし》。二重織りになった＊お召の一種で、通気性がよく軽くて、長時間着ていてもシワになりにくいのでお茶席にもぴったり。着心地のよさに一度でも身にまとうと「お召びいき」になる人は少なくありません。

帯も締めやすい塩瀬の名古屋帯。白い帯地に描かれた楚々とした石楠花《しゃくなげ》は、この時季がまさに出番でほかの季節には締めていません。着物の場合、草花などのモチーフは着る時季に注意します。わかりづらい絵柄に出合ったら、年長者に尋ねたり、季語辞典を参考にして着ています。制約は逆に楽しみになるもの。着物を通じて草花の知識も増え、絵柄の帯を持っていると「今年は寒かったけど咲くかな?」なんて自然界のことも気になってくるのです。こういうおしゃれの奥深さを知ると、季節花の帯につい手が出てしまいます。

＊お召…身分の高い人が好んで召したところから「お召」といわれ、使用範囲が広い。撚(よ)りのかかった絹糸で織られ、全体に美しいシボのあることが特徴。

【着物】桜鼠色の風通お召。十字の柄入りなので「お召十」(P146参照)

【帯】塩瀬の白地に、石楠花が描かれた名古屋帯

【帯締め】中紅色の帯締め(冠組)

33

清明《せいめい》

次候《じこう》

4/10〜4/14あたり

第14候

鴻雁《こうがん》北《きたす》

Wild geese leave for the north

竹の秋

冬鳥が北へ還ってゆきます。着物は紬地に*ロウケツ染の縞を、藍で染めたもの。手描きされた縞の濃淡の、味わい深い表情に惹かれました。帯はアンティークの名古屋帯で、お太鼓にくる絵柄がモダンで思わず買ったもの。洋服でもフェミニンな柄物よりもシンプルですっきりしたデザインがこのみで、気がつくといろんな縞の着物が手もとに集まりました。縞はシンプルゆえに、ともするとコーディネートが単調になりがちですが、この大胆な竹の輪の帯は、細縞でも太縞でも、どんな縞にもマッチします。リング&ストライプとリズムのいい図案の妙でしょうか。

「竹の秋」は春の季語。竹は、春のこの時季が葉変わりで、新しい若葉と入れ替わって古い葉が落葉する様を表した言葉です。そんなやわらかな視点をもって自然をとらえた、先人の感性は素敵です。

*ロウケツ染め…ロウを使った染めの技法。溶かしたロウで布地に模様を描き、染色後にロウを取り除く。

【着物】ロウケツ染めを施した、群青色の縞の紬

【帯】竹の輪柄の古い木綿の名古屋帯

【帯揚げ・帯締め】[oteshio 製]鳥の子色×浅緑、薄紅×草色の帯締め(丸組)

【下駄】胡麻竹の下駄。白木の下駄と違って足の跡がつきにくい。素足でも足袋で履いても、足触りがよい

晩春
清明《せいめい》
末候《まっこう》 4/15〜4/19あたり
第15候

虹《にじ》始《はじめて》見《あらわる》

The year's first rainbow appears

龍の帯

虹は中国では大蛇にたとえられているそうで、それで虹という字に虫偏がつくという説があります。空にかかる大きな蛇はまさしく龍。空いっぱいにかかる虹が多くの人を一瞬で幸せする。

そんな力強さを感じさせるこの龍の帯は、中国の漢服を帯に仕立てたもの。総刺繍が施された5本爪の龍は、とくに位が高い人にだけ許された意匠で、清王朝の末期のものらしい。日本では大正から昭和初期に漢服で帯をつくることが流行したようで、この帯もその時代のものと思われます。

龍の刺繍の存在感があまりに強く、着物合わせが思案のしどころでしたが、薄鼠や薄紫など寒色系で、格のある江戸小紋に合わせてみたらバランスよし。パーティーに着ていったら、ことのほか目上のおばさま方に褒められました。

【帯】漢服で仕立てたシルクの名古屋帯

晩春

穀雨《こくう》

初候《しょこう》

4/20〜4/24あたり

第16候

葭《よし》始《はじめて》生《しょうず》

Reeds begin to sprout up

水玉の白大島

穀雨は「百の穀物を潤してくれる雨」という意味。みずみずしい空気にぴったりの、水玉模様の白の大島紬をえらびました。白の大島紬は「織り手泣かせ」といわれ、技術的な難度が高く、大島の織り手でも白大島が織れる方はひと握りとか。着手にとっては、軽くて着心地がよく、とりわけ頼りになります。泥染めなど独自の手法でつくる過程で、水気を通さない自然防水の生地になるという優れもの。それに白シャツみたいに、どんなコーディネートもおしゃれにまとまるのも白い大島紬の魅力です。

ここで合わせたのはビビットな洋花風の染め帯。一見扱いにくそうな帯ですが、無地系の着物に着映えします。季節を特定しない花柄で、塩瀬は夏以外9月から翌6月まで締められる帯地なので、こんな帯が意外と出番が多いのです。

【着物】白大島紬

【帯】ペパーミントグリーンの地に、洋花風の模様が描かれた塩瀬の名古屋帯

【帯締め】オレンジ色の帯締め（冠組）

【器】フランス・アンティークの白磁器

晩春

穀雨《こくう》

次候《じこう》
4/25〜4/29あたり

第17候

霜止《しもやんで》出苗《なえいず》

Frost has gone, and rice seedlings come up

一生の友になる結城紬

青磁色の結城紬は、私のファースト結城。誂えたのは30歳くらいで、じつは「私にはもったいないな。まだ早いかも」と恐る恐るの感じでした。ン十年経った今、紬を誂《あつら》えたいと相談されると「まず結城紬の無地を一枚」とおすすめし、さらに「若いときから着はじめるといいです」なんて語っています。最初はごわついて着づらく、はじめての紬としてはとても手強いのですが、着れば着るほど体になじんで着やすくなって、さらにいい味が出て着飽きることがありません。一枚の結城紬と親友のようにつきあい、「自分の体になじんだ着物を育てる」なんておしゃれの極みですよ。

帯と*数寄屋袋は、オールドバティックでつくったもの。緑色のバティックを見つけたら帯にしたいと思っていたときに手に入った、これも「出合いもの」です。

*数寄屋袋…お茶席に必要なふくさや懐紙、扇子などの小物を入れる袋。パーティーバッグとしても使える。

【着物】青磁色の結城紬

【帯】［oteshio 製］オールドバティックの名古屋帯

【帯締め】橙色×水色（冠組）

【小物】［oteshio 製］数寄屋袋は帯と共布で誂えたもの

穀雨《こくう》

末候《まっこう》
4/30〜5/4あたり

第18候

牡丹《ぼたん》華《はなさく》

Peonies bloom

牡丹の帯

牡丹の帯は、古い*綴れ織り。しなやかな織りを間近に見ると、ディテールの美しさに溜め息が出る帯です。お店を立ち上げた10年ほど前まで、こんなクオリティーの高い手仕事が施された昔帯が苦労せず手に入ったのですが、今ではめっきり減り、古い綴れの帯なんてとくに高価になってざんねん。もしも手にしたら掘り出しもの、見逃せません。

着物は牡丹の花を引き立てる留紺の色無地。留紺は藍染めの濃い色で、「もうこれ以上染まらない深い紺」という意味。藍は何度も繰り返し染めていくと、赤味がかった紫のような紺となり、なんとも深みのある美しい色合いになります。日本人が桜を愛するように、中国では牡丹が百花の王様で、清朝末期まで国の花とされていたようです。

＊綴れ織り…エジプトのコプト織やフランスのゴブラン織と同種の模様織りの一種。ヨコ糸に色糸を織り込んで模様を表す、平織りが変化したもの。

【着物】留紺色の色無地

【帯】臙脂色の地に、牡丹柄の綴れ帯

43

summer

夏

〔第19候〜第36候〕

立夏《りっか》

初候《しょこう》

5/5〜5/9あたり

第19候

鼃《かえる》始《はじめて》鳴《なく》

Frogs begin to croak

ムガシルクの帯

立夏。ゴールデンウィークの北海道は、春夏の花々がいっせいに咲き、寒からず暑からず。袷《あわせ》の着物が気持ちよく着こなせます。

*ムガシルクはインドの絹織物で、もともとはショールにしようと手に入れた布でしたが、あるとき思い立って帯にしたものです。と、簡単に書きましたがじつはステキ布＝ステキ帯になるとは限らず、帯づくりのプロセスには多かれ少なかれ試行錯誤があります。柄のどこをお太鼓にするかというデザインセンスに、糸や織りの特性を活かす仕立ての知識もいるわけで、信頼できる帯職人さんとのコラボなくしてはかないません。とくに洋服や外国のテキスタイルを帯にするのは難しいのですが、思惑以上に魅力的なものになることもあり、宝探しの気分です（笑）。帯づくりは年季仕事。その冒険的なおもしろさは、何度か失敗してわかってきたところです。

*ムガシルク…インド・アッサム地方に生息する野蚕から手紡ぎされた絹糸で「ゴールデンシルク」とも呼ばれる最上級のシルク。

【着物】柿渋で染めた焦げ茶の紬

【帯】［oteshio 製］サンドベージュ色のインドムガシルクで仕立てた名古屋帯

【三分紐】赤×白の三分紐

【帯留め】［小川郁子 作］江戸切子。大人っぽいコーデにドロップキャンディーのような赤い切子で愛らしさをひと味

立夏《りっか》

次候《じこう》

5/10〜5/14あたり

第20候

蚯蚓《きゅういん》出《いづる》

Earthworms emerge from the ground

浅葱色の結城紬

着物は浅葱《あさぎ》色の結城紬*厚板の名古屋帯の組み合わせ。洋服でいうならチェックのシャツにウォッシャブルジーンズのような、シンプルコーデです。とかく着物は洋服と別センスで着るという人もいますが、私はどちらも「着る衣」に違いないと思っていて、とくにセンスを切り替えることはありません。むろん着物独特の柄と柄を合わせるおもしろさはありますが、無地の服を好む人がいきなり着るとソワソワするのでは？ 基本自分が心地よいと感じるコーディネートを軸とすれば、気負わず着こなせるはずです。チェックの帯は洋服でもおなじみの柄ですが、この厚板の綾織物はカジュアルに見えてじつは格があり、訪問着にも締めることができる実力派の柄です。シルバーの帯留めも、着物の日は三分紐を通し、洋服の日はアクセサリーにして、型にはめず自分らしく身につけます。

＊厚板…紋織物の一種。タテ糸に練り糸、ヨコ糸には生糸を用いて地紋を織り出した、地厚の絹織物のこと。

【着物】浅葱色の結城紬

【帯】白×青の格子が織り出された厚板の名古屋帯

【三分紐】［oteshio 製］グレーの三分紐

【帯留め】［喜舎場智子 作］銀細工の帯留め。着物の日は三分紐を横に通して帯留めに、洋服の日は革紐を縦に通してネックレスにする

立夏《りっか》

末候《まっこう》

5/15〜5/20
あたり

第21候

Bamboos shoot up

竹笋《ちくかん》生《しょうず》

竹林の涼風

生紬で知られる京都のブランド「しょうざん」の訪問着と名古屋帯。どちらもヴィンテージですが、セット買いしたものではありません。先に着物を手に入れたのですが、総柄の大胆な柄行きになかなかマッチする帯が見つからずにいたところ、数年後、古着の山から京の山門の竹林を描いた帯地を見つけて購入。なんとその帯が「しょうざん」だったという偶然。着物と帯が呼び合ったような、こういう不思議な「えにし」があるからおもしろいのです。竹林の帯に、涼風が吹き抜ける着物。爽やかな初夏にこれ以上ない組み合わせとなりました。

三分紐の色は、緑の彩りの移り変わりに合わせ、若竹色から青竹色、老竹色と取り替えて楽しみます。素朴な竹節の帯留めは父の手遊びの作。数年前に父を亡くし、いっそう愛着が増しています。

【着物】［しょうざん 製］深緑色の地に涼風の文様が描かれた生紬の訪問着
【帯】［しょうざん 製］生成りの紬地に山門と竹林が描かれた名古屋帯
【三分紐】若竹色の三分紐
【帯留め】［上野 幹人 作］孟宗竹節を材にした帯留め

小満《しょうまん》

初候《しょこう》

5/21〜5/25あたり

第22候

蚕起《かいこおこって》食桑《くわをくらう》

Silkworms wake up and eat mulberry leaves

国産糸の着物

桑の葉を食べて旺盛に育った蚕《かいこ》は、翌月には糸を吐き繭《まゆ》をつくり、その繭の糸が絹の着物となります。現在は純国産の繭でつくった着物は全体の5%にも満たないとか。ですが近年、この危機に奮起された生産者や織り手の方々の想いがつながって、メイドインジャパンの絹糸にこだわった生地が少しずつ織られているという吉報も。その中の一反が私の手もとに届いたのです。

江戸小紋が*後染めされた、その着物。着てみると、なんとも体がよろこぶ着心地のよさ。キュキュという衣擦《きぬず》れが耳に快く、着つけもすっきり決まります。ふと養蚕《ようさん》農家の方々が、蚕を「お蚕さん」と呼んで子どものように育てているというお話を思い出しました。これこそ命を宿す布。着物を着て、日本の絹糸を少しでも応援したいなと思うのです。

*後染め…織り上げた白生地を染めること。対して先染めは先に糸を染めてから織る。

【着物】純国産糸のお召の白生地を後染めした江戸小紋。角通しの文様は大小が組み合わさって柳鼠色がグラデーションの色調を表現

小満《しょうまん》

次候《じこう》

5/26〜5/30あたり

第23候

紅花《こうか》栄《さかう》

Safflowers bloom profusely

紅花染めと衣替え

紅花は古くから世界各地で栽培され、日本にはシルクロードを経て渡来したとか。紅花の別名は「末摘花」。あの源氏物語に登場する姫君のお鼻は赤かったようですが、紅花で染めたこの帯は黄色です。そもそもの紅花は黄色。花を摘んですぐ水にさらして乾燥させ、これを何度も繰り返すと紅色になるのだそう。この帯はその紅花のファーストカラーで染めた糸で織ったもの。きれいな黄色を身につけていると気持ちも晴れやかなる、自然の色の成せるわざですね。

さて、この時季は衣替え。箪笥《たんす》の着物に風を通し、畳紙も匂い袋も新しいものに替えます。6月と9月は単衣、7月8月は薄衣。温暖化で天候は激しく変わり、衣替えの決めごとも緩んでいますが、こういうゆかしい習慣を守るのも着物のいとしさ。「さぁ、夏もの！」とおしゃれのモチベーションをアップする秘訣でもあります。

【着物】白とグレーの格子柄の紬

【帯】深黄色に染めた織りの名古屋帯

【小物】［鳩居堂 製］匂い袋はお土産などでいただく小さな布袋に入れ、薫りがほのかに衣に移るようにする

小満《しょうまん》

末候《まっこう》

5/31〜6/5あたり

第24候

麦秋《ばくしゅう》至《いたる》

The barley harvest season begins

ボタンの刺繍帯

麦の穂が実り収穫する初夏、北海道は暖かくなったと思ったら急に冷え込むことがあります。ちょうどリラ（ライラック）の花が咲くころでもあり、「今日は〝リラ冷え〟だね」なんて挨拶を私たちは交わします。

着物は単衣に夏帯を締めはじめます。水玉のような夏帯の模様は、じつは刺繍。洋服のボタンが帯についていたらカワイイかもと思いついて、日本刺繍の作家さんにオーダー。繊細なステッチで、ご覧のように上質の大人カワイイ帯に仕上がりました。

主役の帯に合わせて、半襟も水玉に。着物は江戸小紋で、瓶覗《かめのぞき》色です。ホリゾンブルーとも呼ばれるその色は、地平線に見る淡い空の色。袖を通すと空に包まれた心地です。自然の景色を身にまとう感性、これまた着物ならではの魅力です。

【着物】［岩下江美佳 作］瓶覗色（薄い藍の水色）の単衣は鳥羽をデザインした模様が染められた江戸小紋
【半襟】［京都・宮川 製］麻生地に水玉の刺繍の入った半襟。6月からは半襟も麻や絽に衣替え
【帯】［oteshio 製］シルクの夏帯にボタンのモチーフを日本刺繍で施した名古屋帯

蟷螂《とうろう》生《しょうず》

Praying mantises hatch

ハレとケの江戸小紋

「初めてお誂えするなら?」と、よく聞かれる質問に、私がおすすめしているのは江戸小紋。えらぶ基準は人それぞれですが、「長く愛用できる、良いもの」という条件で探すならきっと有効です。

*江戸小紋の模様には様々ありますが、「小紋三役」といわれる「鮫」「行儀」「通し」や、ここで着ている「毛万筋」など格の高い柄なら、紋を入れなくても礼装として、あらたまった場へも着てゆけます。さらに絞り込むと色目はグレー系で、模様の細かい無地っぽいものが一枚あると、これが本当に重宝するのです。金糸入りの袋帯を締めればお祝いの席に、喪の黒帯を締めればお悔やみの席に。もちろん名古屋帯なら茶席や街着に、ハレの日からケの日まで。帯を替えれば幾通りにも着回せるという、「安心の着物」です。

*江戸小紋の模様…武士の裃（かみしも）が発祥。極小な穴を開けた型紙で染め、点（ドット）の配置で模様を描く。伝統文様だけでなく、縞や渦巻き、盃など遊びのある模様もある。

【着物】銀鼠色の江戸小紋（毛万筋）、単衣
【帯】ハレの帯：［龍村 製］古渡金更紗の袋帯、ケの帯：黒喪帯
【小物】ハレのバッグ：アンティークビーズのバッグ、ケのバッグ：喪の黒布を使ったバッグ

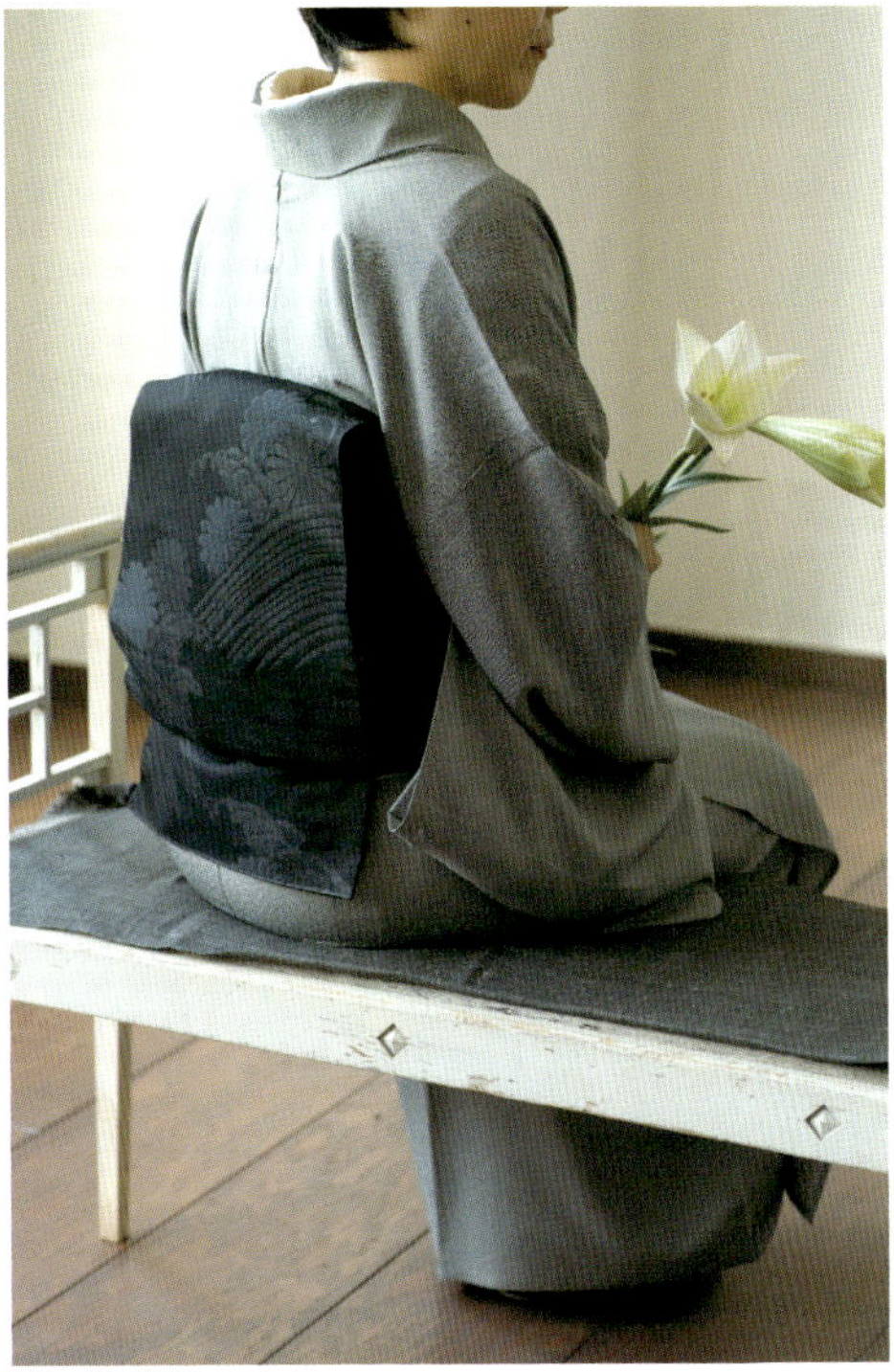

仲夏

芒種《ぼうしゅ》

次候《じこう》

6/11～6/15あたり

第26候

Fireflies rise from under old leaves

腐草《ふそう》為《なる》螢《ほたると》

風呂敷の帯

梅雨シーズンの到来。一般に北海道には梅雨がないとされていますが、最近は雨降りが数日続くと、「蝦夷《えぞ》梅雨」と呼ぶ人もいるらしいです。そこで、あえて雨の情緒を愛おしむコーディネートにしてみました。

小粋な蛇の目傘と燕《つばめ》の帯は、古い藍染めの木綿風呂敷をリメイクしたもの。藍は褪《あ》せても美しく、使い込まれてくったりした布は、帯にしてみたらふわっと軽やかに体に添い、締め心地のよさは思っていた以上。やわらかいシルエットにしたかったので、帯枕は使わず、角出しの帯結びにしてみました。

足もとの下駄は、市電に乗り合わせたおばあちゃんの履き物にビビっときて、購入店を教えてもらったというミニドラマつき。雨や雪解けで道が悪い日用に、「動きやすく、かつカワイイ」爪皮一体型の下駄をずっと探していたのです。欲しいものはネットではなく、自分のアンテナで見つけるのが早道ですね。

【着物】藍色×浅葱色の縞を後染めした単衣の着物

【帯】燕と雨の絵柄が染められた藍の古風呂敷で仕立てた名古屋帯

【下駄】［瀬塚商店 製］水玉模様の塗りの台に透明な爪皮カバーつきの下駄

61

芒種《ぼうしゅ》

末候《まっこう》

6/16〜6/20あたり

第27候

梅子《うめのみ》黄《きなり》

Plums ripen

綴れ織りの夏帯

洋服でも器でも、恋するような出合いがありますが、このヴィンテージの夏帯2本はまさに〝ひとめ惚れ〟系！ ちょっとクラシカルな雰囲気の枇杷《びわ》の帯は、枇杷の実と葉が*ゴブラン織で描かれています。もう1本の夏帯は、よく見ると葉っぱの上にちっちゃな蝸牛《かたつむり》がのっているんですよ。カタツムリのところが刺繍で、緑の葉の部分は*絽綴れで表現されています。2本の帯ともに大変に手が込んだ織りですね。こういう昔の帯はタレもテも長さがまちまちなので、お太鼓柄をどう出すか考えて帯枕の位置を決めます。着る前に必ず帯結びの予習をしておくと本番がスムーズです。

　それにしても、こんなおしゃれな帯が普段着だった昔の女性の箪笥を、タイムスリップして覗いてみたいと願わずにいられません。

*ゴブラン織…綴れ織りの一種で、京都・祇園の鶏鉾（にわとりほこ）の見送り幕などにも使われている織物。

*絽綴れ…綴れ織りの技法と絽織りの技法を組み合わせて織った夏用の帯地。

【帯】右：蝸牛の刺繍が施された絽綴れの名古屋帯、左：枇杷の絵柄を織り上げたゴブラン織の名古屋帯

仲夏

夏至《げし》

初候《しょこう》

6/21〜6/26あたり

第28候

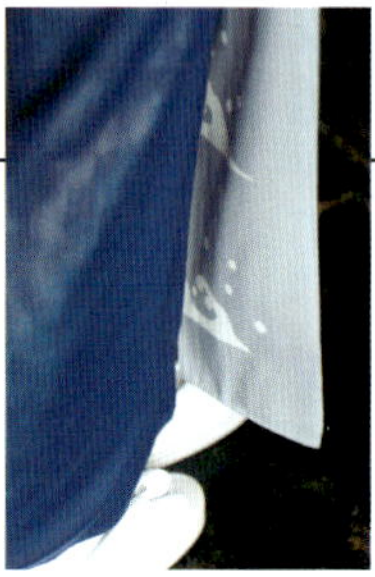

乃東《だいとう》枯《かるる》

Heal-alls wither

紗袷とトビウオの帯

一年で最も昼の時間が長くなる夏至。本格的な夏がはじまるこのころに着たい着物が、*紗袷《しゃあわせ》。紺碧色の紗の布が透けて、下の布に染められた波の模様が浮かんで見えるという、シースルーファッションです。着る人が動くと波涛《はとう》の模様も動くので、ついつい目で追いかけて。女性なのにドキドキする、粋な着こなしです。着る時期が難しい着物ですが、ここ北海道では単衣と薄物の間の、ほんの十日ほど。季節のあわいをさらりと楽しむ、着物通のおしゃれともいえますね。

帯は、珍しいトビウオの名古屋帯。着物の波間からトビウオが飛んでいく、といった見立てでえらびました。リバーシブルにもなる帯で、裏にした貝の絵柄には貝のブローチの帯留めをつけて、波打ち際の風景をつくってみました。

＊紗袷…模様を染めた薄物（絽など）の生地に、紗の生地を重ねて2反を使って1着に仕立てる着物。

【着物】表布は紺碧色、裏布は青藤色の波模様の紗袷

【帯】リバーシブルになるトビウオ柄（裏は貝の柄）の名古屋帯

【帯留め】［山崎航 作］二枚貝の銀製ブローチ

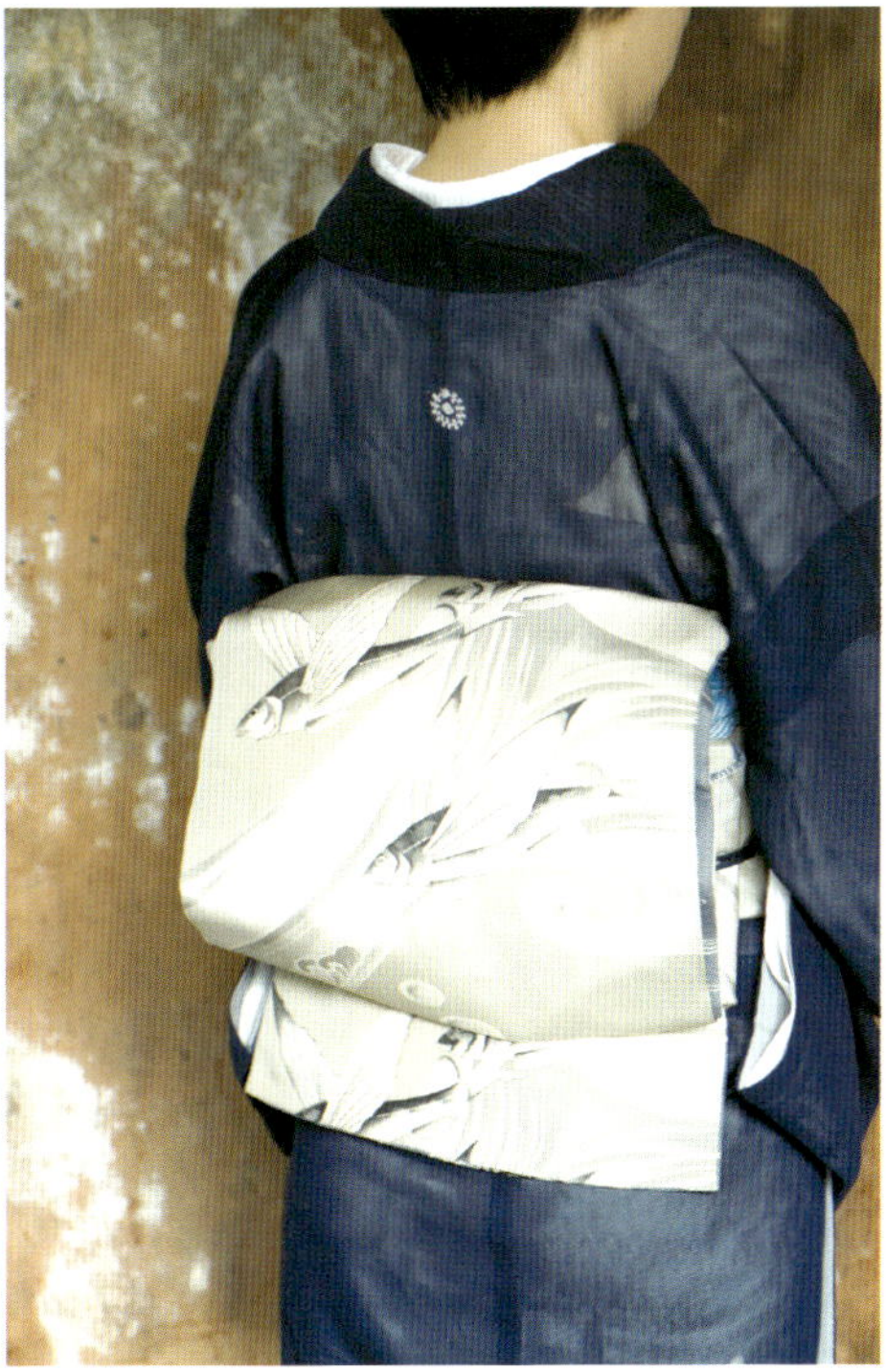

夏至 げし

次候 じこう
6/27〜7/1 あたり
第29候

菖蒲華
しょうぶはなさく

Irises bloom

恋するショウブ帯

　わが家の近くに菖蒲の群生地があります。この時季になると、牧草地一面が菖蒲の花の紫に染まって、花が散るとたちまち緑の草原に戻ります。なんとも潔くワイルドな菖蒲の咲きっぷりに、毎年感嘆。ご近所さんや花好きのごく一部の人しか知らないヒミツの花園ですが、あるとき、この菖蒲たちが開拓時代から湿原にあった原生種を守りつないできたものと聞いて驚きました。人の目を楽しませるためでなく、花のために種を守る人がいる。知ってなお愛おしい風景になりました。

　この菖蒲の帯は麻地に漆糸で花が描かれています。漆糸とは、和紙に漆を塗って細く切り綿糸の芯に撚りつけた糸のこと。艶があって角度によって浮かび上がって見えるんです。この時季限定アイテムの帯ですが、菖蒲たちの咲きっぷりを見習って、短命のおしゃれをしっかり楽しんでいます。

【着物】藍の濃淡の糸で織られた単衣の紬
【帯】薄藁色の麻の生地に漆糸で菖蒲を描いた名古屋帯
【三分紐】草色の三分紐
【帯留め】［きねや 製］水牛の角に螺鈿が施された蛙の帯留め

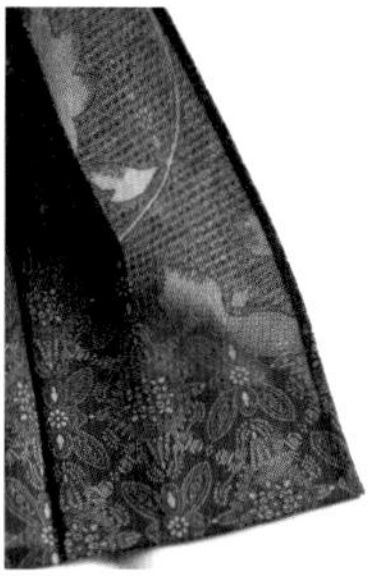

半夏生《はんげしょうず》

Crowdippers bloom

朝顔の帯

夏至の終わり、7月からは単衣から薄物シーズンへ移ります。最初に登場するのは朝顔の帯を主役にしたコーディネート。着物は蔦《つた》の模様が入っている紗の生地に、さらにレース柄を染め抜いた江戸小紋です。薄い紗の生地に江戸小紋を染めるのは、とっても手間がかかるそうですが、作り手の岩下江美佳さんは「着る人を美しく見せる」仕事にこだわる、心底ものづくりが好きな人なのだと思うのです。

また夏の着物では、ほかの季節より長襦袢が重要になってきます。盛夏の黒っぽい着物は白い長襦袢と合わせると透け感がアップして涼やかで、清楚な色気が香り立ちます。

大輪の朝顔を描いた古い絽の帯を眺めていると、江戸の花はきりっと美しいなあと感じ入ります。ちょうどこの時季は、東京の下町・入谷で朝顔市が開かれているとか。一度着物で足を運んでみたいものです。

【着物】［岩下江美佳 作］蔦の模様の入った黒い紗の生地に、レース柄を染めた江戸小紋

【帯】朝顔の絽の名古屋帯

【三分紐】白緑×白の市松の三分紐

【帯留め】桃色の帯留め

小暑《しょうしょ》

初候《しょこう》

7/7〜7/11あたり

第31候

温風《おんぷう》至《いたる》

The breeze blow warmer

瓢箪の綿紅梅

店をはじめてからずっと、夏の着物の紹介に力を入れてきたのは、私自身夏着物が大好きだから。どうしてだろう？　とその根っこをたどると、すべからく「布愛」に至ります。夏の衣は、綿に麻、上布、絽、紗、縮み……などなどバリエーション豊富で、素材ごとに違う着心地をたっぷり楽しめるのです。「今日は絽で、明日は上布」と、素材感を味わうおしゃれは、日本女性の特権とも思えるほどです。正味2カ月間しか着る期間はないけれど、布好きにとって最もテンションの上がるシーズンです。

小暑の着物に誂えるのは、江戸の老舗「竺仙《ちくせん》」の*紅梅小紋の反物。瓢箪《ひょうたん》柄が小粋で、生地は肌に貼りつかず、さらりとした着心地のよさが特徴。帯は、片貝木綿でつくった藍の無地の半幅帯。藍×白の2色に揃え、きりりと涼やかな印象にまとめました。

＊紅梅小紋…格子状に織り込んだ綿生地に、伝統的な染め方の一つである長坂染めで、江戸のころより伝わる中形の柄を染め上げたもの。

【着物】［竺仙 製］綿紅梅地に藍で瓢箪の文様を染め抜いた紅梅小紋、下の反物は生成り色の麻の長襦袢地
【帯】［oteshio 製］片貝木綿の半幅帯はリバーシブル。表地は縞、裏地は無地の藍色
【二分紐】灰色の二分紐
【帯留め】紺のトンボ玉
【小物】網目紋の江戸扇子

71

晩夏

小暑《しょうしょ》

次候《じこう》

7/12〜7/16あたり

第32候

蓮《はす》始《はじめて》華《はなさく》

Lotuses begin to bloom

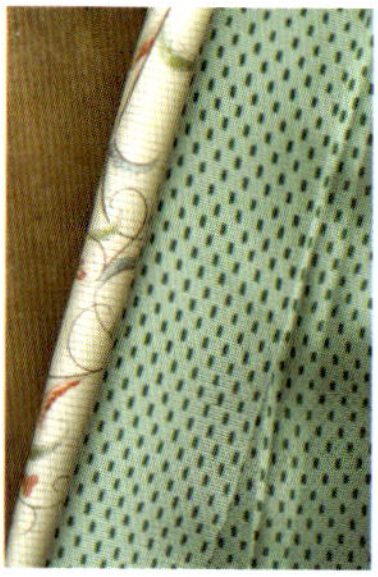

おめかしのさじ加減

蓮の花咲くころ、北海道はクラシックの音楽イベントが目白押しです。とくに毎年7月に催される音楽祭「PMF」は、世界中からえらばれた若手音楽家たちと一流演奏家が競演するスペシャル企画。大のクラシック好きの私にとっては夢心地のイベントで、着物を着て何度も足を運びます。

何を着よう？　と毎回悩ましいのですが、曲目やオーケストラ、時間によって微妙に着物えらびが変わります。お昼のコンサートにはカジュアルな紬で、格のあるオーケストラなら着物も格のある染めの着物に袋帯できちんと正装して。

ここでコーディネートしたのは、夜からのリサイタルを想定したおめかしで、駒絽の小紋に絵画的な刺繍の入った名古屋帯です。周囲から悪目立ちせず、でも「自分らしさ」が出るようなさじ加減に知恵を絞ってえらぶ。フォーマルの場は、センスを鍛える場でもあります。

【着物】草色の駒絽

【帯】蟹とシダの刺繍が施された名古屋帯

【半衿】古い絽の着物をほどいて半襟にしたもの

小暑《しょうしょ》

末候《まっこう》

7/17〜7/22あたり

第33候

Young hawks learn to fly

鷹乃《たかすなわち》学習《がくしゅうす》

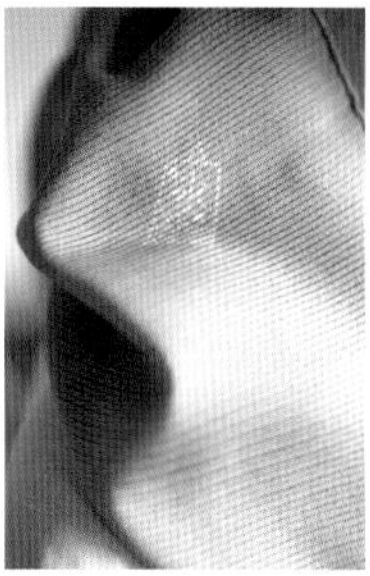

盛夏のよそゆき

駒絽の江戸小紋と*藤布の帯の、藤色トーンのコーディネート。夏のよそゆきは洋服でも困りものですが、この江戸小紋をつくってから盛夏のよそゆき問題はあっさり解決。お茶席に結婚式にと、出番の多い着物です。

無地に見えますが、じつはウロコ文様の三角形の中に江戸小紋の代表柄「鮫」「行儀」「通し」の文様が、それはもう細かく点描のように描かれているのです。江戸小紋では模様が細かいものは「極《ごく》」と呼ばれ、最も格が高いとされていますが、「ほんとうに人の手でつくったもの?」と疑いそうになるほど緻密な手仕事です。

さらに着物の裏をめくると「氷」のノボリが染め抜いてある! 聞けば「暑い夏を少しでも涼しく」という職人さんの粋なはからい。こういう手間をかけた遊びを見せられると、日本のおしゃれに心奪われてしまうのです。

*藤布…藤の樹皮から採集した繊維で織った布。昔から衣服に利用されてきた自然布で、水をはじく性質があり夏帯に最適。

【着物】淡い藤色の駒絽の生地。ウロコ文様の三角にさらに「鮫」「行儀」「通し」の3つの伝統文様が染められた江戸小紋

【帯】藤布の名古屋帯

【帯締め・帯揚げ】桔梗色の帯揚げ、[京都・一脇 製] 白×薄紫×濃紫の帯締め（平組）

晩夏

大暑《たいしょ》

初候《しょこう》

7/23〜7/28あたり

第34候

桐始《きりはじめて》結花《はなをむすぶ》

Paulownia bears its first flower of the year

宮古上布

うだるような暑さの盛りには、裸より涼しい?!　ともいわれる宮古上布が大活躍。扇子で風を送ると、体の中をすぅーっと風が通り抜け、汗がさっとひくのです。

　この宮古上布に出合ったのは、私の着物時代がはじまった30代そこそこ。宮古上布なんて若輩の自分には分不相応と思っていました。ところが夏着物を探していたある日、羽織るだけと、まとった瞬間「これにします」と口走っている自分に、ものすごく驚きました。着心地の軽ろやかさ、手触り、艶、柄の緻密さ、どれをとっても想像を超え、よろこびすぎてストップが効かなかったのです。

　当時普通のＯＬだった私は、夏ボーナスをすべてつぎ込み涙目で手に入れましたが、後悔はまったくありません。この宮古上布を着て出かけたおかげで、様々な人たちとの出会いが重なり、今の仕事へ誘われたように思えます。美しい布にはそれだけの力があるのです。

【着物】鉄紺色（深い藍色）に細かな絣柄が並ぶ宮古上布

【帯】博多織り、羅間道。軽くて通気性がよく、締めるほどに独特の風合いが表れる夏帯

【三分紐】空色の三分紐

【帯留め】ドイツの蚤の市で見つけたアンティークの真鍮製ブローチ

大暑《たいしょ》

次候《じこう》

7/29〜8/2あたり

第35候

土《つち》潤《うるおいて》溽暑《じょくしょす》

The earth becomes moist, the air is muggy

夢二のモダン浴衣

花火大会に盆踊り、札幌の大通りではビアガーデンがはじまり、浴衣を着る機会が目白押しです。ここ数年oteshioでブレイク中の浴衣が、この竹久夢二デザインのシリーズ。これはデザインが、見ても着ても楽しい。猿《さる》蟹《かに》合戦の柄にはナゾの蟹男が描かれていたりして、なんともグラフィカル。大正ロマンを代表するデザイナー、夢二のモダンな感性に思わず、さすが！　と拍手したくなります。

個性豊かな浴衣には帯もそれなりに強さのあるものでバランスよく、手織り*ミンサーと紅型と、どちらも琉球の木綿の半幅帯を結びました。足もとは素足に下駄ですっきり。鼻緒の布使いにこだわったoteshio製の下駄は、ジーンズやワンピースにも合います。ペディキュアの色も揃えると、さらにおしゃれかも。

＊ミンサー…沖縄県八重山諸島の伝統的な木綿織物で「八重山ミンサー」ともいう。五つと四つの絣のパターンには「いつ（五）の世（四）までも、末永く」という想いが込められている。

【着物】［竹久夢二　デザイン］右：紅葉デザインの浴衣、左：猿蟹合戦をモチーフにした生成り×黒藍色の浴衣

【帯】右：［宜保聡　作］紅型の木綿の半幅帯、左：［紅露工房　製］ミンサー織りの木綿の半幅帯

【下駄】P78右：焼桐の台＋［oteshio　製］鼻緒、P78左：鎌倉彫の台＋［oteshio　製］鼻緒

大暑《たいしょ》

末候《まっこう》
8/3〜8/7あたり

第36候

Heavy rains fall occasionally

大雨《たいう》時行《ときどきおこなう》

越後上布と宮古上布

着物はまわりの人を想いやって着るという〝おもてなし〟の衣装ですが、夏はひときわ。薄物とはいえ猛暑に2、3枚重ね着して、いかにも涼しげな顔をして着こなし、まわりの目に涼しく感じてもらうという、おしゃれ魂が試されるときです（笑）。

越後上布の着物に帯は宮古上布という装いは、夏着物の最高峰。どちらも、苧麻《ちょま》を原料とする上質の麻織物で、今はどちらも無形文化財となっています。越後上布は雪に晒《さら》して白くするのが特徴。じつはこの着物は古いもので、ところどころシミがあったのですが、もう一度、雪に晒してもらったらすっかりきれいにとれて、美人さんになって戻ってきました。雪でシミとりのアンチエイジングなんて、先人の知恵はミラクルです。帯は古い宮古上布の着物を帯につくり替えたもの。北の着物に南の帯が出合い、とびきり香気な涼風が吹いていきます。

【着物】白磁色の地に細かな藍の絣柄が入った越後上布
【帯】古い宮古上布の着物から仕立て直した名古屋帯
【三分紐】［きねや 製］白×黒の三分紐
【帯留め】［oteshio 製］シルバー×黒色のアンティークボタンの帯留め

fall

〔第37候〜第54候〕

秋

立秋《りっしゅう》

初候《しょこう》

8/8〜8/12あたり

第37候

A cool breeze begins to blow

涼風《りょうふう》至《いたる》

蝶の帯

暦の上では秋、じっさいここ北国では、涼風までに至りませんが晩夏の感じ。着物も秋めいたコーディネートが気分です。夏の装いはシンプルに涼しげに色数を抑えるのが定番ですが、この時季は色柄にボリュームのある鮮やかな夏物を楽しんでみます。ビンテージの駒絽の着物は、ススキを大胆に染めた絵にところどころ金糸銀糸の刺繍が入り、小紋のわりに華やかな存在感があるもの。合わせた絽の帯は1世紀近く前のものらしく、昭和の美人女優の帯といった雰囲気を漂わせています。とくに帯に施された蛾や蝶の刺繍がとてもリアルに表現されていて、それゆえ甘すぎずエレガントな印象です。それに刺繍糸のニュアンスのある色が昔着物の魅力であり、とりわけ金糸銀糸の色はしっとりと静かな光を放ち、現代の糸のキラキラした輝きとは別ものです。

【着物】黒い地に赤や白のススキが染め抜かれ、金糸銀糸が施された駒絽の小紋

【帯】枯竹色の絽の地に露芝に蛾と蝶々が飛び交う絵柄が刺繍された名古屋帯

【小物】［きねや 製］麻の足袋。着物の色柄のボリュームに対し、暑いうちなので足もとは真っ白な麻足袋で引き算して軽やかに

85

立秋《りっしゅう》

次候《じこう》

8/13〜8/17あたり

第38候

寒蟬《かんせん》鳴《なく》

Evening cicadas begin to sing

琉球の壁紗

着物は、沖縄本島南部にある丸正織物工房の*壁紗《かべしゃ》。絹の織物ですが撚りをかけた糸で織っているためシャリ感があり、サラリとした着心地で、残暑のキツいこの時季にはぴったりな着物です。これを織っている丸正織物工房の大城幸司さんは30代の元気なつくり手。彼の工房は91歳のおばぁを頭に3世代で反物をつくる、なんとも健やかな家内制手仕事です。帯もまた沖縄の宜保聡さんの紅型。着物も帯も琉球の染めと織りで、ともすると民芸風になりがちなコーディネートですが、絵柄の構図や色使いに「今らしい」抜け感があって、シンプルに装えます。ここ数年は毎年沖縄へ足を運び、染め織りの制作の場をじかに見てまわっています。着物に袖を通すときにふと、つくり手が布に向かう時間が心をよぎる。人と人が布を通してつながる。そんなおしゃれを伝えることも私の仕事だと思っています。

＊壁紗…昔ながらの紗紬の呼び方で最近は「絹芭蕉」とも。男性の夏着物に使われることが多い。

【着物】［丸正織物工房 製］薄桃色にグレーの絣模様が入った壁紗の琉球絣

【帯】［宜保聡 作］とうもろこし色の地に焼き物や亀など沖縄モチーフが染められた紅型の名古屋帯

【小物】［こばやしゆう 作］花器に南国の草花をいけて

初秋

立秋《りっしゅう》

末候《まっこう》
8/18〜8/22あたり

第39候

蒙霧《もうむ》升降《しょうごう》

Thick fog begins to form

薄藍鼠色の長襦袢

北欧の人たちも同じらしいのですが、私たち道民もこの短い夏にしっかり太陽を浴び、気合いを入れて遊びます。毎日のように外に出かけて人と集うプチイベントがあるから、カジュアルな夏着物も出番はたっぷり。食事会や気軽なお茶会など、浴衣よりもちょっとおめかししたい日に重宝するのが、着物ブランド「竺仙」の*絹紅梅。爽やかな藍の地に大小の水玉が踊る、ワンピースのような一枚です。帯はインドの絹地から仕立てたもので、帯前を手描きの楚々とした小花が彩ります。

着こなしの一番のポイントは、じつは着物の色と長襦袢の取り合わせ。表から見えないけれど麻の薄藍鼠色の長襦袢を着ています。透ける藍の夏着物のときは白より薄藍鼠色のほうが藍が深くなる気がして、最近のお気に入りの色つき長襦袢です。

*絹紅梅…太さの違う糸をタテヨコに配して表面に畝を浮き立たせる紅梅織りの技法で、絹糸を用いた織物。

【着物】［竺仙 製］紺の地に白い水玉模様の絹紅梅　【長襦袢】薄藍鼠色の麻の長襦袢

【半襟】薄りんどう色の麻の半襟　【帯】［oteshio 製］白練色の地に手描きの小花模様が配されたインドシルクの名古屋帯【三分紐】［oteshio 製］牡丹色の三分紐

【帯留め】［oteshio 製］イタリアの手づくりガラスボタンの帯留め

【小物】北海道産の根曲がり竹で編んだ竹籠。もとは雪かき道具を手がけていた竹細工職人の手づくり

初秋

処暑《しょしょ》

初候《しょこう》

8/23〜8/27あたり

第40候

綿柎《めんぷ》開《ひらく》

Cotton flowers bloom

対馬麻の帯

綿の実は晩秋に成熟し、白綿をつけた種子となります。かつて日本の綿栽培は会津が北限の地とされ、北海道のように綿花が育たない地での織物は麻栽培に頼っていたそうです。この帯に用いられている対馬麻は韓国にほど近い長崎県の離島・対馬のもので、昭和初期までつくられていた織物です。「織ることはすなわち生活」だった時代、綿が育ちにくい土地だった対馬では大麻を栽培し、主に自家用として島の女性たちによって織られていたと聞いています。ふんわりざっくりとした風合いの手ざわり。自然や伝統にさからわず、土地に育まれた強い布には、なんとも心惹かれるものがあります。この自然布の風合いを主役に、帯揚げや帯締めの色は控えてシンプルなコーディネートに徹し、布の素材感を際立たせるよう心がけました。

【着物】［東郷織物 製］薄青磁色をした縞の薩摩木綿。絹とも見まごう薄手のなめらかな木綿

【帯】白茶色をした対馬麻の古い着物から仕立てたと思われる名古屋帯

【帯締め】灰色の帯締め（冠組）

【下駄】畳表の二枚歯の下駄。畳表の部分は稀少な国産品。畳表の下駄は足袋で履くもので正装にも使える

初秋

処暑《しょしょ》

次候《じこう》

8/28〜9/1あたり

第41候

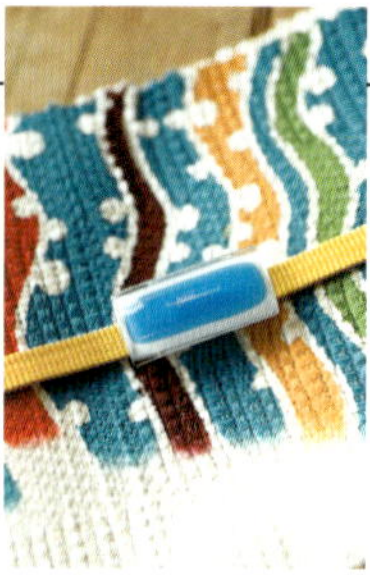

天地《てんち》始《はじめて》粛《しゅくす》

Heaven and earth begins to chill

弓浜絣の木綿

ようやく暑さが鎮まるころ、着物は古い弓浜絣をえらびました。着物が好きになると、日本各地で風土が育んだ固有の布というものにも、だんだん興味がわいてきます。弓浜絣とは、鳥取県の弓ヶ浜半島でつくられてきた絣。単に「浜絣」とも呼ばれます。江戸時代から鳥取の辺りは綿花の産地であり、良質の綿をつくるために必要だった大量の肥料として、北海道で穫れたニシンが用いられていたとか。この弓浜絣の糸にも北海道のニシンが関わっていたのかと思うと、遠く離れた鳥取の海辺の地と不思議につながっている気がします。

*筒引きの帯には、紅型作家の宜保聡さんが海藻をイメージしたポップな柄が描かれて元気が出ます。こなれた古着に新しい帯。新旧の取り合わせは私の定番スタイルです。

＊筒引き…型ではなくフリーハンドで糊置きして染める沖縄の伝統技法で、おもに風呂敷やタペストリーの制作に用いられる。

【着物】藍染めの弓浜絣の木綿
【帯】［宜保聡 作］筒引きの名古屋帯
【三分紐】［oteshio 製］黄色の三分紐
【帯留め】［きねや 製］青い手づくりガラスの帯留め

初秋

処暑《しょしょ》

末候《まっこう》

9/2〜9/7あたり

第42候

禾《くわ》乃《すなわち》登《みのる》

The rice ripens

葛の花の帯

着物のシーズンは9月から単衣に入ります。内地ではまだ残暑すさまじいころでしょうが、北海道では朝晩に涼風が感じられ、単衣が着たくなります。

このころ着るべき旬の帯が、ロウケツ染めで描いた葛の花の帯です。秋の七草の一つですが、花は房状の紺紫色で、葉は表が緑、裏が白く。古《いにしえ》の人には花よりむしろ葉の風情が好まれ、和歌俳句に詠まれているとか。茎の繊維は葛布になり、根っこは葛粉になる、と着物の絵柄から自然と花に詳しくなるのも心楽しいものです。

素朴な滋味を感じる帯を引き立てる着物は、黄唐茶色の濃淡の縞のシックなものにして。帯締め、帯揚げは黄唐茶色とは反対色の紫系をえらび、きりっと輪郭をつけ、自分らしい味つけをしてみました。

【着物】黄唐茶色をした縞の単衣の紬

【帯】ロウケツ染めで葛の花を描いた、朽葉色の名古屋帯

【帯揚げ・帯締め】薄紫色の帯揚げ、偽紫色の帯締め（冠組）

【小物】［木漆工とけし 作］漆鉢。艶を抑えたマットな質感に果物が映える

仲秋

白露《はくろ》

初候《しょこう》

9/8〜9/12あたり

第43候

草露《そうろ》白《しろし》

Blades of grass glisten with dew

ドイツシルクの帯

数年前、ドイツのハンブルクへ布探しの旅へ出かけ、そのとき見つけたシルクでつくった帯の一本がこれ。布専門店のドレス生地でしたが、どことなく帯地のような和の雰囲気をもった布だなという印象で、じっさい帯にしてみたところ、締めやすさバツグン！ ボーダーは洋服でも使い勝手がよいけれど、この横縞の帯も同じく。ほどよく光沢があってエレガントにもモダンにもなり、紬にも染めの着物にも合わせやすい「お助け帯」になりました。

着物はくちなし色の結城紬。裾まわりに同色の糸で*相楽刺繍の紅葉が入っているので、秋の単衣シーズン、9月だけ味わえる贅沢なおしゃれ。この着物を着る楽しみに背を押され、コンサートや美術展など足運びが軽やかになっています。

*相楽刺繍…布裏から糸を抜き結び玉をつくり、それを連ねて模様を描く、非常に技術と時間を要する技法。とじ糸がなく糸が引っかからないのでどの刺繍よりも丈夫。

【着物】くちなし色の単衣の結城紬、裾に相楽刺繍で紅葉

【帯】［oteshio 製］ドイツシルクで仕立てた、紫×深黄色の縞の名古屋帯

【小物】羊皮紙の古い4線譜の楽譜

仲秋

白露《はくろ》

次候《じこう》 9/13〜9/17あたり

第44候

Wagtails sing

鶺鴒鳴《せきれいなく》

お月さん帯

旧暦の8月15日の月は「中秋の名月」。「十五夜お月さんごきげんさん」とわらべ歌のように、ほがらかなお月さんを愛でたいものです。月見のおしゃれには、この大きな丸紋が満月のように浮かぶ綴れの帯。お太鼓に金の月を出すか、銀の月を出すか、その日の気分次第です。お月見以外でもモダンデザインの帯は、モノトーンの装いによく合います。

酒党が集う大人の月見会には、墨汁画にススキをしつらえてみました。画は三重県の窯を拠点に国内外で活躍されている陶芸家、内田鋼一さんの手によるもの。器のほかに、鉄製の錆膳、絵や書画なども手がける、とても才豊かなクリエーターです。縁あってうちの小さな店でも展示会を開いていただいていますが、食事にご一緒すると会話しながら箸袋で動物をつくったり、と彼の手は常に動いているのです。「つくることが暮らすこと」の人なのですね。

【着物】白練色と黒を配した唐草模様のお召の単衣

【帯】黒い地に金銀の彩りが施された綴れの帯

【小物】［内田鋼一 作］墨汁画には沖縄の芭蕉布を額装

仲秋

白露《はくろ》

末候《まっこう》

9/18〜9/22あたり

第45候

玄鳥《げんちょう》去《さる》

Swallows leave for the south

海を渡ってきたもの

初秋の帯は、枯れた*ソガと藍の色が美しい手描きのオールドバティック。江戸時代には、オランダ東インド会社を経て渡ってきたインド更紗の帯を締めるのが流行したとか。うちの店のオールドバティックは、東南アジアの島々から南米まで手仕事の布を探して単身旅を続けるテキスタイルダイバーの岡崎真奈美さんから求めたもの。インドネシアのジャワ島の伝統的な古い模様で、今ではつくることのできないものと聞きました。帯を締めていると「いつかこの布の生まれ島に行ってみたいな」と旅に誘われることもしばしばです。

帯留めはパリで見つけたアンティークのボタンです。外国の古いボタンは裏の金具が十字になってるものが多く三分紐を通すのに便利。ヨーロッパに旅するとアンティークのボタンやクリップなどのアクセサリーを「帯留め」目線で物色してしまいます。

＊ソガ…ジャワ島中部ジャワ地方のバティックに使われる茶色の染料。砂糖、樹脂、サフランの花に様々な樹皮状分泌物を加え熱湯で煮出してつくられる。

【着物】濃い灰色をベースに赤×黄×青が彩る縞の単衣の紬

【帯】［oteshio 製］ジャワ島のオールドバティックで仕立てた帯。黄土色と藍色で描かれた「ティルト・テジョ模様」は「光輝く水」の意味　【三分紐】［oteshio 製］ターコイズブルーの三分紐

【帯留め】［oteshio 製］魔女をデザインしたアンティークボタン

【小物】フランス製アンティークの小箪笥に帯留めやアクセサリーのコレクションを収めて

秋分《しゅうぶん》

初候《しょこう》

9/23〜9/27あたり

第46候

雷《らい》乃《すなわち》収声《こえをおさむ》

The rumble of thunder has gone

お役立ち帯締め

帯締めは一見すると装飾だけのように思われがちですが、帯結びを支えるベルトであり、帯をきれいに着つけるために欠かせない大事な道具です。職人だった父から、つねづね「道具は良いモノを使え」と薫陶を受けて育った私は、着物や帯は古着であっても、帯締めは絹製で手組みの新品にこだわって使っています。よい帯締めはずるずる緩むことなく体に添って締まり、着姿も心もしゃきっとする気がします。もちろん、おしゃれの面でも重要アイテム。帯締めの色で季節感を醸したり、年齢や着る場に合わせて帯締めをチェンジすると、同じ帯でも表情が変わってきます。手持ちの着物や帯が少ない方でも、帯締めを増やして色数を揃えていくとコーディネートパターンが増えますよ。

【帯締め】オレンジ、紺、グレーの帯締め。フランス軍の鍵つきアンティークボックスを用いた収納
【小物】帯締めの房の始末には和紙のメモ用紙を活用。房を巻いてテープや糊で貼れば手も汚れず

秋分《しゅうぶん》

次候《じこう》

9/28〜10/2あたり

第47候

Insects and animals hide in their winter nests

蟄虫《らっちゅう》坏戸《こをはいす》

山葡萄の葉のブローチ

虫たちも冬支度をするころです。春の「虫たちが外へ出る」啓蟄・初候で登場した木綿の着物に、秋バージョンの帯を合わせてみました。インドのシルクサリーで仕立てた帯の柄は*ペイズリー柄です。

帯留めもまた、啓蟄・初候の「山桜の葉のブローチ」を手がけたジュエリー作家・山崎航《やまざきわたる》さんによる「山葡萄《ぶどう》の葉のブローチ」。身近な自然界の美を、鍛金と彫金の伝統技法を下地とする手技に独自のセンスで形づくるアクセサリーは、楚々としながらも本物感があります。たとえばこの山葡萄の葉っぱのブローチには、一点一点すべて違うところに虫喰いがあって、おしゃれ心をそそります。作品群からお気に入りを探していると、落ち葉の中からひとひらの葉っぱを拾い上げるような特別な気分になるのです。

*ペイズリー柄…日本では勾玉（まがたま）模様ともいわれ、昔から着物や帯によく使われていた柄。

【着物】綿格子の袷
【帯】［oteshio 製］枯竹色と紫色のインドシルクサリーから仕立てた名古屋帯
【三分紐】［oteshio 製］藤色の三分紐
【帯留め】［山崎航 作］山葡萄の葉のブローチ

秋分《しゅうぶん》

末候《まっこう》

10/3〜10/7あたり

第48候

水始涸

みずはじめてかる

Ponds and streams go dry

小津ごのみ

稲穂が頭《こうべ》を垂れ、やや肌寒くなってくるころで、やわらかく体に添い心地よい重みのある縮緬《ちりめん》の小紋をえらびました。

*練《ねり》色をした帯は手織りの紬で、昭和を代表する染織家、浦野理一の作です。小津安二郎の映画で衣装を担当していたことで有名な浦野理一ですが、この紬の帯は無地にして存在感のある、まさに「小津ごのみ」です。この帯に象牙製の銀杏《いちょう》の葉の帯留めをして、秋の装いに。無地の帯に季節モチーフの帯留めを効かせると織りのテクスチャーも浮き上がってきて、引き立て合う効果があります。帯留めに三分紐を通して、結び目を帯の後ろに隠してしまえばよいので、帯締め結びが苦手という方にはオススメ。帯留めを色々持っていると、縞か格子や無地系のシンプルな着物や帯に、帯留めで季節の風情が演出できて重宝です。

*練色…生糸本来の色。動物性の繊維の生糸は脂分を落とすために練る（もむ）作業が必要。練られた糸はしなやかな肌触りになり、やさしい色になる。

【着物】樺色×ベージュ色を配した格子柄の小紋。変わり格子の柄は下から上へ徐々に細かくなった、ひそかに凝ったもの

【帯】［浦野理一 作］練色の無地の紬の名古屋帯

【三分紐】［oteshio 製］樺色の三分紐

【帯留め】銀杏の葉をかたどった象牙の帯留め

晩秋

寒露《かんろ》
初候《しょこう》
10/8〜10/12あたり
第49候

竹の春

鴻雁《こうがん》来《きたる》

The wild geese come flying

そろそろ渡り鳥がやってくるころになりました。わが家からそう遠くないところに、マガンやコハクチョウたちが春と秋に渡りの中継地とする、宮島沼があります。北海道美唄《びばい》市にあるこの湿地は、ラムサール条約にも登録されている世界的に貴重な自然保護地です。早朝、マガンはエサである落ちモミを求めて、まわりの田んぼへと一斉に飛び立ってゆきます。これを「ねぐら立ち」といい、数万羽のマガンが飛び立つさまといったら、もう鳥肌が立つ迫力です。

またこの時季は若竹が青々とした盛りの「竹の春」。4月の清明・次候に「竹の秋」で登場した竹モチーフの帯を再び。この帯によくなじむ縞の着物は、*ざざんざ織のこっくりとした配色のものをえらんで。同じ帯を鴻雁の春と秋の渡りに合わせて締めてみました。

*ざざんざ織…玉繭（2頭以上の蚕がつくった繭で、通常の繭より糸を引くことが難しい）から手紡ぎした玉糸を、通常の紬糸の約4倍の太さに撚り合わせた糸で、ざっくりと織り上げる。浜松で生まれた織物。

【着物】松葉色×白茶色の縞が入ったざざんざ織は、生地が厚いので単衣に仕立てる紬
【帯】竹の輪柄の古い木綿の名古屋帯
【帯揚げ・帯締め】橙色の帯揚げ、橙×紺×白茶色の帯締め（丸組）
【長襦袢】インドバティックの端切れを半襟につけた竹柄の長襦袢は、紬の着物によく合わせる

寒露《かんろ》

次候《じこう》

10/13〜10/17あたり

第50候

菊花《きくか》開《ひらく》

Chrysanthemums bloom

菊づくし

菊花の茶会に、華やかな菊づくしのお支度です。桜より花の時期が長い菊のモチーフは、秋じゅう楽しみに着ることができます。

菊唐草の着物は、伊勢型紙の人間国宝、中村勇二郎の作。本当に細かく菊が彫り込まれています。仕立て上がりの着物を手に入れたのですが、緻密な柄に色の上品さ、着心地のよさから購入を決めました。銘は入っていたのによく見ておらず、じつはずいぶん着てから人間国宝の作と知って、「まぁどうりで」なんて納得。こんなおもしろいことが度々あります。何しろ先に名やブランドで手に入れるわけでなく、あくまで自分の「好き」の価値がえらぶポイントですから。

帯もまた見事な手仕事が施されたアンティーク帯で、作り手の高い技量がしのばれる作。お太鼓に咲き誇る菊の刺繍のすばらしいことったら！　自分で締めるより、締めている人の姿をうっとりと眺めていたい帯です。

【着物】［伊勢型紙 人間国宝・中村勇二郎 作］紅鳶色の小紋
【帯】菊の刺繍が施されたアンティークの名古屋帯
【帯締め】［京都・一脇 製］白×常磐色の帯締め（丸組）
【小物】［バンドカフェ 製］菊花茶、アンティーク茶器で楽しむ

寒露《かんろ》
末候《まっこう》
10/18〜10/22あたり
第51候

蟋蟀《しっそく》在戸《こにあり》

A cricket sings at the doorway

モンブラン色の装い

戸口で虫の鳴くころ。調べてみると古い呼び名ではコオロギはキリギリスのことで、キリギリスはコオロギ、と現代とは逆であったようです。ついでにキリギリスの別名は、機織《はたおり》虫というそうです。

着物は*上田紬。手紡ぎ糸の織りはところどころにある節が味わいになり、真綿なので着込むほど体になじんできます。帯は鳶八丈《とびはちじょう》の着物から帯に仕立て直したもの。鳶八丈とは、東京の八丈島でつくられている黄八丈の一種です。濃茶を主色に、黒、黄、白が入った格子縞で、鳶の羽色を思わせることからその名称がついたもの。洋服と同じく、着物と帯を同色系でコーディネートをすると、まとまりのある落ち着いた印象になります。今回はモンブランにトーンを合わせて。くいしん坊らしいコーディネートです。

*上田紬…信州紬の一つで長野県上田市で生産されている絹織物。屑繭（きれいな絹糸にならない不良の繭）を広げた真綿から手紡ぎした絹糸を織った布。

【着物】桑茶色×朽葉色×一斤染（薄ピンク色）の縞が入った上田紬
【帯】鳶八丈の着物から仕立て直した名古屋帯
【帯締め】［きねや 製］白×黒色の帯締め（平組）
【小物】［バンドカフェ 製］モンブラン、大正時代のアンティークガラスの皿にのせていただく

霜降《そうこう》

初候《しょこう》

10/23～10/27あたり

第52候

霜《しも》始降《はじめてふる》

The first frost of the season falls

紗綾形の八掛

晩秋の北海道には、そろそろ冬の前触れを知らせる「*雪虫」がやってくるころで、早い人はタイヤチェンジなど冬支度の算段に取りかかります。

着物は、あったかい真綿紬。生地に織り上げた後で細かい格子を染めたもの。反物を染色する後染めの着物は、糸から染めて生地を織る先染めの着物より、織り上がってから水にくぐる回数が多いせいか、最初から肌なじみがよく着やすいように私は感じます。

着物の裏地になる八掛は紗綾形の模様で、着物と同色で染めてもらいました。紗綾形とは、卍を斜めにつらねた連続模様のこと。それまで誂えた着物の八掛はすべて無地だったので、紗綾形の八掛はすごく新鮮でした。柄をえらぶ楽しみが広がる模様の八掛は、あまり突飛にすると着づらくなるので、最初は同系色が取り入れやすく思います。

＊雪虫…名の通り雪のようにふわふわ飛ぶ小さな虫。晩秋になると大量に発生するもので、北海道では初雪前の風物詩として知られる。

【着物】藤紫色の真綿の紬、八掛は紗綾型模様

【帯】毘沙門亀甲が絞り染めされた紫根染めの名古屋帯

115

晩秋

霜降《そうこう》

次候《じこう》

10/28〜11/1あたり

第53候

霎《しぐれ》時施《ときどきほどこす》

Drizzles come and go

羽織遊び

秋深まり、いよいよ羽織の出番です。江戸時代、それまで男性の着るものだった羽織を深川芸者がおしゃれに取り入れて着はじめたのだそう。コートは室内に入れば脱ぐものですが、羽織はジャケット扱いで着ていてOKなのも、そんな出自によるものでしょうか。マニッシュな羽織姿が大好きで、何より帯結びがへたっぴだったころは「お太鼓隠し」アイテムとしてもずいぶん助けられました。

　この羽織は、鮫小紋の地に菱形文様が染められた江戸小紋から誂えました。着尺から羽織に仕立てたので、裾の折り返しの布が多いぶん、着ると羽織に落ち感があって、美しく流れるシルエットになりました。また羽織は、もらいものの着物や派手で着なくなった着物を仕立て直すのも一案。生地代がないぶん、羽裏を遊べる余裕ができます。羽裏マニアの私は、この羽織に紅型の古典柄を染めてもらいました。

【羽織】［岩下江美佳 作］鮫小紋の入った生地に菱形文様が染められた黒鳶色の江戸小紋
【草履】100年近く前の藤を台に用いた網代の草履
【小物】藤の草履と同じ素材でつくったバッグ。洋服でもきちんと感が出て季節を問わず持ち歩ける

楓蔦黄《ふうかつきなり》

Leaves turn to red and gold

紅葉の帯

紅葉や蔦の葉が美しく色づくこの時季、北海道では「観楓《かんぷう》会」なる集まりごとが盛んに開かれます。

観楓会とは、仲良し同士や会社の同僚たちと自然豊かな野山や温泉地へ出かける秋の行楽イベント。つまり飲めや歌えの秋の大宴会を、道民はなぜか観楓会と風流に呼ぶならわしなのです。私も何度も体験していますが、残念ながら楓《かえで》を愛でたことは一度もないのです（苦笑）。

そんな観楓会が文字通りの美しい秋の会であったらと、えらんだ紅葉のコーディネートです。着物は錦秋を映したような鮮やかな紅緋色の紬に、帯は紅葉が織り出された綴れ織り。帯留めに、小川郁子さん作の木賊《とくさ》色の江戸切子を合わせ、大人っぽさをひと味足すアクセントとしました。

【着物】紅緋色に白い水玉が飛び柄で入った紬

【帯】紅葉の絵柄を織り出した綴れの帯

【三分紐】［きねや 製］白×黄色の三分紐

【帯留め】［小川郁子 作］木賊色の江戸切子の帯留め。アシンメトリーのデザインに新しさを感じる

〔第55候〜第72候〕

winter

冬

初冬

立冬《りっとう》

初候《しょこう》
11/7〜11/11あたり

第55候

山茶始開《さんちゃはじめてひらく》

Sasanqua begins to bloom

鳶八丈に江戸布

着物は綾織りの鳶八丈です。*黄八丈は総称で、よく知られた黄色の黄八丈は、ツヤツヤのシルキーな輝きが魅力的。でも私には少々艶が強すぎるかな、と思っていたところに出合ったのがこの鳶八丈でした。鳶色の落ち着いた染め色に、綾織りという織り方を用いることで艶マットに仕上がった鳶八丈は大人カジュアルに着こなしやすい一枚です。ここで合わせたのは、紫の繻子織りの丸帯。幕末くらいの時代のものらしく、私は敬意を込めて「江戸布」と呼んでいます。

黄八丈は薄手の生地ですが着てみればとっても暖かく、また江戸布の古い帯も地厚ですが、やわらかくて収まりよく結びやすいのです。布は自分が感じる心地よさが一番大切。肌で感じたことはいつまでも忘れません。

＊黄八丈…東京・八丈島でつくられる染め織り物。染め色は黄色、鳶色、黒の3色がある。

【着物】綾織りの鳶八丈
【帯】鳳凰の柄が細かに織り出された江戸紫色の丸帯、江戸時代末期のものと思われるアンティークの帯地
【帯締め】緑×紫×桃色の帯締め（唐組）
【小物】［木漆工とけし 作］漆皿に柿を盛って

立冬《りっとう》

次候《じこう》

11/12〜11/16あたり

第56候

地始凍《ちはじめてこおる》

The ground begins to freeze

糸巻きの帯

七五三のシーズン。小さな女の子の着物姿を見かけると、やっぱり日本の伝統衣装はどの子にも似合うなと、うれしく眺めてしまいます。子どもの晴れ着にもよく使われる、糸巻き文様の袋帯を、*似紫《にせむらさき》色の無地の結城紬と合わせました。江戸時代には、嫁入り支度の着物や帯にも糸巻きの意匠が施されていたとか。家の衣を一手に引き受けていた昔の女性にとって織物は重要な仕事で、糸巻きは大切な道具。それゆえ布仕事が上手にできるよう願いを込めたものだったのかもしれません。

この糸巻きの帯は京都の由緒ある織元「龍村」のもの。これはかなり古い帯で、よく見ると擦り切れた箇所もところどころあり、それだけ以前の持ち主にも愛されていたのでしょう。じっさい締めやすく、何より着映えして「さすが帯の龍村」という強い存在感。私のいざという日の心強い一本です。

＊似紫色…紫は庶民の憧れの色。本物の紫は染料が高価なため蘇芳（すおう）や藍の色を混ぜてできた紫色。

【着物】偽紫色の無地の結城紬

【帯】［龍村 製］山吹色の地に糸巻き文様が織り出された袋帯

【帯留め】練り込みの陶器

125

初冬

立冬《りっとう》

末候《まっこう》

11/17〜11/21あたり

第57候

金盞《きんせん》香《こうばし》

Daffodils smell sweet

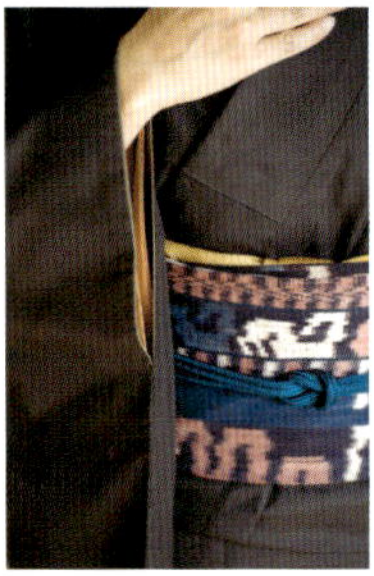

染め直しの大島紬

着物は無地の大島紬。骨董屋さんで反物で見つけたものですが、もともとは蚊絣の柄が入っていたのです。洋服でもほかは気に入っているのに「これがなければ好き」ってところがありますよね。まさにこの大島紬では蚊絣の柄がそれ。そこで上から泥染めしてもらい、無地にリメイク。自分ごのみの色に変わり、さらに染め直しで生地がこなれて着心地もよくなり、お気に入りの一枚になりました。あまりに着すぎて、最近ついに八掛が擦れてしまったほど。その八掛も、天地を逆さまにして、つけ直しをしました。これも直線裁断の着物だからできるリメイクですね。

着物の下に着る長襦袢も着心地にこだわって。肌ざわりが極上の*三眠蚕《さんみんさん》の絹地で、泥大島になじむよう樺色に染めてもらいました。

*三眠蚕…一般に蚕は4回めの脱皮の後で糸を取るが、この三眠蚕は字のごとく3回目で糸が取れる。1回少ないぶん糸がとてもやわらかい。

【着物】黒紅梅色の無地大島紬

【長襦袢】樺色に染めた三眠糸の長襦袢

【帯】インドネシア・スンバ島の手紡ぎ手織りのイカットで仕立てた名古屋帯

【帯締め】縹色の帯締め（冠組）

小雪《しょうせつ》

初候《しょこう》

11/22〜11/26あたり

第58候

虹《にじ》蔵《かくれて》不見《みえず》

Rainbows have retreated

初冬の龍

山から雪風が吹いてくると、札幌の街でもそろそろ初雪。「虹が隠れて見えない」この時季の帯は、春の清明・末候の「虹始見（にじはじめてあらわる）」と同じく龍のモチーフです。春は色彩豊かな力強い龍でしたが、初冬の龍はすっきりした色使いが空気になじむように思えてえらびました。

これも漢服から仕立てた帯ですが、刺繍で描かれた龍の瞳がなんだかとぼけていて、チャーミング。この帯の表情を活かすべく、着物は同色系で地味めの縞の江戸小紋を合わせ上品にまとめてみました。

お茶目な龍モチーフの器にもつい触手が伸びます。静岡で作陶する井畑勝江さんの手描きの龍はわんぱくそうで、一瞬えっ、と思う大胆な構図が、和も洋もどんな料理もどーんと受け止めてくれる器で、懐の深さはさすが龍です。

【着物】白茶の万筋に楔（くさび）の模様のような縞の江戸小紋
【帯】漢服からつくった龍の名古屋帯
【帯締め】白茶×茶の帯締め（唐組）
【小物】［井畑勝江 作］龍の大皿

129

初冬

小雪《しょうせつ》

次候《じこう》

11/27〜12/1あたり

第59候

朔風《さくふう》払葉《はをはらふ》

The north wind scatters fallen leaves

冬コート

冬コートの登場です。着物ビギナー時代には服地のケープ風ウールコートを着ていましたが、腕まわりが膨らんで大柄に見える気がして……。自分らしく、細見に見える（できるだけね）着物コートをつくろうと一念発起。まず美しいシルエットには生地の質感が大事になります。求めるのは、風合いよくゆったりしつつ、体の動きに添ってきれいなラインをつくる生地。フォーマルにも使えるよう江戸小紋を染めることを前提に、暖かいビロードを織りから特注しました。ついでデザインで気づかったのは、襟。道行きタイプの四角い襟開きが、私にはなんだか顔が大きく見える気がして、道中着タイプのヘチマ襟っぽい形に落ち着きました。試行錯誤してつくったフルオーダーのコート。贅沢ですが、北国では必需品のコートだからこそ、いつも自分の気に入ったものを身につけたいのです。

【コート】右・左：ビロード地に、［岩下江美佳 作］江戸小紋を染め、飾り紐をつけたコート
【下駄】右・左：［瀬塚商店 製］爪皮をアザラシの毛皮がふちどった雪下駄
【足袋】右・左：デニム地の縞とネルの水玉の足袋カバー。白足袋の上からネルの足袋を重ね履きして暖かく

小雪《しょうせつ》

末候《まっこう》

12/2〜12/6あたり

第60候

橘始黄

たちばなはじめてきなり

Mandarin oranges begin to ripen

オールドイカットの帯

厳冬には、暖かさがじつに頼もしい結城紬。深みある染め色は褐色。江戸時代はかちん色と呼ばれた極めて暗い青紫で、さらに近づくと臙脂《えんじ》色の蚊絣と柄が重なったところに亀甲がありと、かなり凝った柄ゆきの紬です。

同系色の帯はインドネシアのイカット（絣）の女性用サロンからつくった名古屋帯。このイカットはややごわっとした手触りなので、締めづらくない？　と聞かれたりもしますが、手紡ぎの糸が使われているためか、布と布が絡みつく感じで一度締めると決して緩まず、安心できる帯です。

着物と帯のこっくりした個性的なコーディネートにエレガントな味つけをする、*バロックパールのハットピンは、東京在住のアクセサリー作家・古田智彦さんの作品です。ハットピンをストール留めにするスタイルは、着物でも洋服でもおしゃれを引き立てます。

*バロックパール…バロックはポルトガル語で「歪んだ」の意で、シャネルも好んで使っていたバロックパールは、一つとして同じ形がない真珠。

【着物】褐色の地に蚊絣と亀甲文様が配された結城紬

【半襟】樺色のバティックの端布を使った半襟

【帯】［oteshio 製］インドネシア・フローレス島の手紡ぎ木綿、天然染料、手織りのオールドイカットから仕立てた名古屋帯　【帯揚げ・帯締め】橙色の帯揚げ、柿色の帯締め

【小物】［tmh.SLEEP 作］古田智彦さんの手がけたバロックパールのハットピンをストール留めにして

仲冬

大雪《たいせつ》

初候《しょこう》

12/7〜12/11あたり

第61候

閉塞《へいそくして》成冬《ふゆとなる》

With a bleak sky, winter arrives

雪下駄と雪草履

札幌郊外にあるわが家では街中より積雪が多く、外は一面雪に覆われ、夜になると雪灯りでほわっと明るくなり、それはそれは幻想的なんですよ。この時季から降った雪は春まで溶けない「根雪」になります。

雪国で着物を着るための欠かせないアイテムが雪草履と雪下駄。雪草履は台も鼻緒もカバーもアザラシの毛皮というもの。北海道では防寒装具としてある昔ながらのもの。アザラシの毛は何より雪でも濡れない特性があり、先人が見い出してくれた履き物。高価で稀少品ではありますが、とびきり愛らしく最強に暖かいのです。

畳表の雪下駄の方もまたつくり手が激減している、絶滅危惧アイテム。雪下駄には、どこか「北国の粋」を感じさせる格好よさがあります。

【草履】アザラシの雪草履

【下駄】［瀬塚商店 製］畳表の雪下駄

仲冬

大雪《たいせつ》

次候《じこう》
12/12〜12/16あたり

第62候

熊蟄穴《くまあなにちつす》

Bears hibernate in their dens

雪の結晶の小紋

この時季らしく、雪のモチーフの江戸小紋をえらびました。つくり手の岩下江美佳さんは東京で生まれ育った都会っ子ですが、「子どものころから雪が好きで好きで」という女性。江戸小紋染職人として30代と若いうちから認められた彼女が、独立して最初に手がけたのが、この雪の結晶の染め模様。大好きなものを表現した、愛情を感じる作品です。やさしい薄灰桜色の江戸小紋の半幅帯を合わせ、これまた雪の結晶のように見える江戸切子を帯留めにしてみました。

　反物から新調しようというとき、はじめての心得としては、色柄だけで判断せずに、色々手にとって顔映りを試してみることです。失敗したくないと慎重になって、手持ちの着物と同じタイプのものばかりえらんでしまいがち。でも一見、むずかしそうな色柄も、反物を顔に当ててみると、案外しっくりしたり。そうやって新しい自分らしさを見つけると楽しさが増します。

【着物】［岩下江美佳 作］ラメ入りの黒地に、雪の結晶模様が染められた江戸小紋
【帯】［oteshio 製］薄灰桜色の江戸小紋で仕立てた半幅帯。リバーシブルで裏は栗皮茶色
【帯留め】［小川郁子 作］江戸切子、雪の結晶柄

仲冬

大雪《たいせつ》

末候《まっこう》
12/17〜12/21あたり

第63候

鱖魚《けつぎょ》群《むらがる》

Salmon swim up the river

冬の白を装う

海からサケがふるさとの川に産卵へ帰るころです。北海道の白老《しらおい》にある小さな川にサケが上るのを見に行ったことがあります。河口にサケが群がって一匹一匹と川の上流へ、水流に押し戻されるものもあり。ウロコが剥がれ、決死の体で上る姿を眺めていると、ひとりでに涙が流れていました。アイヌの人たちは川に上ったサケに必ず感謝を捧げ、捕りつくすことはしなかったそうです。

洋服でも着物でも冬の白は憧れのおしゃれ。この雪国の地で白い景色に白い装いなんて、おしゃれの極みでしょう。そこでずっと冬に着たかった白大島。亀甲柄の男物を仕立て直したものに、帯にコーディネートしたのは冬の海を描いた塩瀬の名古屋帯。*ロウたたきの技法を用いた、細かい不規則な斑点の白い染め模様は、まるでサケが群がっていた水辺の飛沫のようにドラマティックです。

*ロウたたき…溶かしたロウを刷毛につけ棒でたたいてロウを散らし防染する。ロウがついたところが白く染め残るという技法。

【着物】精緻な亀甲柄の白大島

【帯】青紫の地にロウたたきで白い波を描いた塩瀬の帯

【帯締め】白×グレー（裏）の帯締め（平組）

仲冬

冬至《とうじ》

初候《しょこう》

12/22〜12/26あたり

第64候

乃東《だいとう》生《しょうず》

Heal-alls begin to bud

真冬のモノトーン

冬至となりました。一年で最も昼が短く、夜が長いこの時季。クリスマスに忘年会と周囲の景色が華やかに彩られるシーズンに、あえてモノトーンのコーディネートにしてみました。

着物は、染師さんにお願いして、紬の生地にロウケツ染めで、私の大好きな北海道の雪景色を描いてもらったもの。それは「壁に打ちつけるように降る雪」。しんしんと雪が降りつける模様を染め描いた衣をまとうとき、厳しくもやさしいこの北の大地に包まれているような心地がします。

蝙蝠《こうもり》の帯は、東京友禅で名高い昭和の絵師・熊谷好博子《くまがいこうはくし》の作。銀糸の刺繍が施された蝙蝠はモダンアートのようで、華やかな着物の中でもさりげなく存在感を放ちます。

【着物】灰色の地にロウケツ染めで雪模様が描かれた紬

【帯】［熊谷好博子 作］黒地におめでたいとされる蝙蝠が描かれ刺繍を加えた塩瀬の名古屋帯

【小物】日本のお敷きのようなデザインの白磁皿はドイツの［KPM 製］。北海道では「おんこ」の愛称で呼ばれるイチイの赤い実で彩るクリスマスのキャンドル

仲冬

冬至《とうじ》

次候《じこう》

12/27〜12/31あたり

第65候

麋角《びかく》解《げす》

Deer shed their antlers

獅子の帯

着物は、大島紬に江戸小紋の島津鮫を染めたもの。紬地の後染めは、染めの過程で何度も水をくぐっているせいか、仕立てたばかりでも肌ざわりがしなやかで、これから着やすく育ってくれそうです。どんなに高価でもデザインがおしゃれでも、着づらい着物は私の中の価値はぐんと低くなります。つい手が伸びる着物があって、それを着ているとまわりからも「あなたらしい」と褒められる着物があれば、それはその人の魅力を表に引き出してくれる衣。つまり美しさは「心地よさ」に導かれるものと思うのです。

そんな使い心地のよさとデザインを両立したお気に入りの一本が、この獅子の帯です。お太鼓に鈴をくわえた獅子の刺繍がぱっと目をひくアンティークの名古屋帯は、モノトーンの配色なので着回しやすい帯です。

鹿の角が落ちる冬、清々しい空気に心地よくなじむのが辻野剛《つじのたけし》さんの吹きガラス。造作の繊細さ、ガラスにしてぬくもりのある作品世界に魅せられています。

【着物】大島紬に島津鮫を染めた江戸小紋
【帯】獅子の刺繍が施されたアンティーク帯。獅子の模様は魔除けの意味がある
【帯締め】[京都・一脇 製]黒×銀（平組）
【小物】[辻野剛 作]ベネチアングラス

冬至（とうじ）
末候（まっこう）
1/1〜1/4あたり
第66候

雪下出麦
せっか
Under the snow, barley begins to sprout
むぎをいだす

船出の装い

初春を迎え、お正月らしいお支度です。

着物は帯合わせのしやすい淡い色合いの江戸小紋に、南蛮船模様が織り出されたアンティークの名古屋帯を主役にした装いです。

室町末期から江戸初期にわたり、盛んに渡来した南蛮船を文様化したもの。＊名物裂や更紗など海外からの染織品に登場するほか、国内でも未知の文化をもたらす南蛮船は憧れの象徴として珍重され、晴れ着にもよく使われてきた模様です。この帯をアンティークショップの片隅で見つけたときは金の部分もくすみヨレヨレの状態でしたが、洗いに出して帯芯を入れ替えたら、すこぶる美人に生まれ変わりました。

漆に金彩と螺鈿を施した帯留めをして、いつもよりちょっと格調高く。晴れやかな日の漆の碗の中は、イクラをのせた北海道らしいお雑煮です。

＊名物裂…鎌倉時代から江戸時代初期にかけて中国やインドなどから渡ってきた美術織物。

【着物】［岩下江美佳 作］七宝つなぎと格子柄が組み合わさった模様で染め上げた、薄香色の江戸小紋
【帯】織り出された南蛮船に金糸があしらわれたアンティークの名古屋帯
【三分紐】赤×黒の三分紐の帯締め
【帯留め】金彩と螺鈿が施された漆の帯留め
【小物】蓋には千鳥、蓋裏には波と月が描かれた、漆碗

小寒《しょうかん》

初候《しょこう》

1/5〜1/9あたり

第67候

Dropwart grows vigorously

芹乃栄《せりすなわちさかう》

初釜の装い

初釜の装いを整えました。着物は、乱菊の模様があしらわれた白の縮緬地に、*お召十を染めた江戸小紋です。うちでおすすめしている江戸小紋は伝統的な型紙で染める手仕事のものですが、最近は機械プリントの江戸小紋も多く見られます。手仕事のものを紹介していて思うのは、よいものの後ろには必ず素晴らしい物語があり、表面だけ真似たものには、奥行きがないということ。今回の江戸小紋などは、模様が入った地紋の上からさらに染め柄を足していて、なお高度な手技を要するわけです。布から伝わる凛《りん》とした格調は、つくり手の時間と美学が込められているからだと私は思っています。

帯は新年の茶会にふさわしい格のある袋帯にして。華やかな絵柄は名物裂「遠州緞子《えんしゅうどんす》」の文様で、これは茶人・小堀遠州が愛好していたとされる柄です。

*お召十…徳川家の定め小紋の文様のこと。十字の柄が規則正しく配置され、星が散りばめられたような愛らしい文様。

【着物】乱菊の地紋に、お召十を染めた錆牡丹色の江戸小紋
【帯】市松の模様に七宝と2種の花柄を配した遠州緞子の袋帯
【帯締め】瓶覗色の帯締め（亀甲平組）
【小物】［内田鋼一 作］錆膳と抹茶碗

晩冬

小寒《しょうかん》

次候《じこう》

1/10〜1/14あたり

第68候

水泉《すいせん》動《うごく》

Melting water drips from a frozen spring

梅鉢の帯

着物の模様は、羊上人形手《ようじょうにんぎょうて》。名物裂の一つで人物が含まれる文様を「人形手」といい、羊にまたがった人物などを配した絵柄です。裾模様で絵柄がつながっているので、「染めの絵羽付け下げ」といった着物。わかりやすくいえば、訪問着と小紋の中間にある感じですね。

合わせた帯は、瑠璃紺色の地に梅鉢文を銀駒刺繍した袋帯です。お太鼓に描かれた、飛び柄の梅がグラフィカルな配置。こういうデザインを見ると「伝統こそモダン」とつくづく感じ入ります。全体に同色トーンで控えめですが、じっさい着て出かければ、上質さが際立つ地味派手なコーディネート。着物も帯も格があるものですから、さらに唐組の帯締めを締めれば、お茶会や演奏会など、新年のお集まりにぴったりのよそゆきです。

【着物】深緑の地に羊上人形手の模様を染め描いた付け下げ
【帯】梅鉢文の銀駒刺繍をあしらった、瑠璃紺色の繻子の袋帯
【帯締め】紺 × 臙脂 × 白練色の帯締め（唐組）
【小物】［drop around 製］ご祝儀キット（斜線＋花結び）（三角＋結び切り）、カミノヒモ（赤 × 白）

晩冬

小寒《しょうかん》

末候《まっこう》

1/15〜1/19あたり

第69候

雉《ち》始雊《はじめてなく》

Pheasants begin to cry

片身変わりの着物

数年前から、着物で楽しむ大相撲観戦がマイブーム。江戸・両国の春場所には、こんな小粋なコーディネートでかけつけます。

縮緬地の着物は縞の片身変わり。片身変わりとは、背縫いを中心に左右を異なる布で仕立てる模様の配置で、簡単にいえば2枚の柄の違う着物をコラージュして1枚に仕立てた着物です。柄と生地感の取り合わせも大事で片身変わりの着物づくりは、ともするとアクの強い着物になることもあって、けっこうトリッキー。古着で見つけたこの着物は、濃淡2つの縞の配置が絶妙で、品よくカッコイイ。仕立てた方はかなりハイセンスなおしゃれさんと伺えます。全体の色数を抑えシンプルにしつつ、銀の水玉が刺繍された漆の帯に左右色違いの帯揚げをして、いなせに着こなして楽しみます。

【着物】片身変わりの小紋
【帯】黒地に銀の水玉をあしらった漆の名古屋帯。リバーシブルで裏は水玉の大きさが違うもの
【帯揚げ・帯締め】［oteshio 製］紫×薄藤色の帯揚げ、白×紫の帯締め（丸組）
【小物】桐のシェーカーボックスに収めた［oteshio 製］帯揚げ。1枚の帯揚げに綸子と縮緬と2つの織りがあり、色も2色が組み合わさったもの。カラーコーディネイター・平山耀子さん監修

大寒《だいかん》

初候《しょこう》

1/20〜1/24あたり

第70候

款冬華《かんとうはなさく》

Butterbur sprouts flowers

アジアの布仕事

着物は艶感のある黒地に、茶や黄色の絣模様の久米島紬。久米島に行くと立ち寄るのが、久米島紬の共同作業所「ユイマール館」。布仕事を間近に見学できて、伝統技法が守り継がれているのがよくわかります。島の草木から染料を集め、糸をつくり、絣を括《くく》り、染めて織って……と一枚の布が生まれるまでの長き道のりには、ただただ感嘆。つくり手のあんまー（お母さん）たちの笑顔と現場の雰囲気ごと紹介できたらいいなといつも思うのです。

最近モダンな柄も多い久米島紬ですが、この着物のように古典的な柄も私はこのみ。ただし帯は何でも合うというわけじゃなく、手強き相手。ひらめいたのは染織の技法からいうと琉球の布と姉妹といえるインドネシアの布です。格子の古布から仕立てた帯は、手紡ぎの綿糸を手織りしたもの。着物も帯も、アジアのやさしい手仕事を感じます。

【着物】黒紅梅色に茶や黄色の絣模様が配された久米島紬
【帯】［oteshio 製］インドネシア・ロンボク島の黒と芥子色の格子の布で仕立てた帯
【帯締め】南米ペルーの手織りウールの古布をアレンジした、赤×黄色の帯締め
【帯留め】練り込みの焼き物
【小物】額入れのテキスタイルはアフリカ・クバ王国の草ビロード

大寒《だいかん》

次候《じこう》

1/25〜1/29あたり

第71候

沢水《すいたく》腹堅《ふくけん》

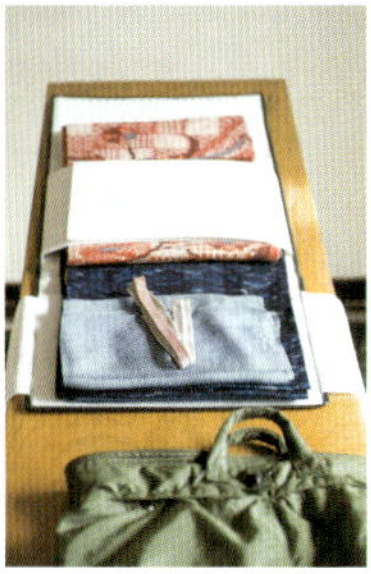

Swamps are covered with thick and hard ice

藍染めの着物

沖縄では桜が開花するこのころ、北海道ではオホーツク海の流氷が風物詩なのですから、日本は本当に南北に長いのだと実感します。

凍えるような大寒のお出かけに、着物は暖かい藍染めの上代紬に、帯はインドネシアのオールドバティックでつくった名古屋帯。着物の藍に帯の赤のコントラストが愛らしく親しめて、初心者もかまえずに着こなせるコーディネートです。

私自身が初心者だったころを振り返ると「着たい」一心だったなと思います。着つけがヘタでも好きな着物でおしゃれができて、楽しくて楽しくて。あるフランス女優の言葉の「似合わない服を10着取り替えるより、似合う服を10回着続けるほうがいい」という考えに私も大賛成。「着たい着物」を見つけることが、着こなしを磨く早道になると思います。

【着物】藍染めの上代紬
【帯】［oteshio 製］赤や白、青の彩りを配したインドネシアのオールドバティックで仕立てた帯
【帯揚げ・帯締め】千草色の帯揚げ、灰色×茜縞の帯締め（振り分け平組）
【小物】通称「着物パック」と呼ぶ携帯用畳紙。出先や旅先へ着物類一式をセットして、バッグに入れて持ち運べる優れもの

晩冬

大寒《だいかん》

末候《まっこう》

1/30〜2/3あたり

第72候

鶏《にわとり》始《はじめて》乳《にゅうす》

Hens begin to lay eggs

ザックリの帯

　着物は、屑繭から絹糸を紡いで織られた紬。ふわっと織り上がった布は、軽くてやわらかい着心地で、何しろ暖かい。帯は「ザックリ」と呼ばれる布で仕立てたもの。ザックリとは、麻や木綿などの普段着の布をつくるときの糸屑をためて集めてこしらえた、始末の布をそう呼ぶそうです。ボソボソの短い糸をつなげて紡いだ布で仕立てたザックリの帯は、ほれぼれする風合いの帯になりました。

　この着物も帯も、背中を丸めて糸屑の命を救い出した人の姿が透けて見えるような、お金では買えない真心と手仕事の布。着る側も布の命がまっとうできるように慈しんで着なければと心しています。

　節分が過ぎれば、この蝦夷の地も陽射しは春。節分の豆まきに、北海道では大豆ではなく落花生を殻ごとまきます。

【着物】屑繭で織った黒紫色の紬

【帯】［oteshio 製］アイボリーのザックリでつくった名古屋帯

【帯締め】紅色の帯締め（冠組）

【小物】［三谷龍二 作］白漆碗

■「oteshio」という店のこと

札幌市街のレトロなビルの一角に、「oteshio」というギャラリーを開いたのは2003年のことです。店の名前の「おてしお」とは、塩や香の物を盛る小皿の昔の名称「手塩皿」のことで、「手塩にかける」という語源でもあるとか。手塩皿が大好きで収集していたことと、「大切に、心を込めておすすめする」という手塩にかけたモノえらびの基準にもちなんでいます。

oteshioを、器屋という人もいれば着物屋という人もいます。どちらも正しくて、ヴィンテージ着物や江戸小紋の展示会もあれば、現代作家の器や、海外で収集した小物展などの企画展も催します。この店を訪れる方は年齢も個性も様々ですが、お店にぽつぽつ並ぶ、骨董の器やハンドメイドのものが好きという人がほとんど。その同じ価値観の「好き」で着物に触れてもらい、「こんなふうに着ていいんだ」と着物を着るおもしろさに開眼するきっかけになれたら、うれしいことです。[HP]www16.ocn.ne.jp/~oteshio/index.html

■おしゃれは自由に

礼装を除いて、洋服も着物でも、おしゃれに正解も間違いもありません。自分のできる範囲で、「一番見栄えがして、着ていて気持ちがいいものはなんだろう」とあれこれ工夫して装うのが楽しみであり、おしゃれは最初から最後まで「自分」。人のおしゃれが素敵だなと思えばよいところを真似て、快くないところがあれば自分はそうしないように、と学びにすればよいと思っています。

■小物は和も洋も使えるもの

気に入ったブローチやボタンなどに帯留め用の留め具をつけておくと、洋服に、ときに着物にと使えます。バッグやショールは、サイズ感や色合わせを着物ベースで考えておくと使い回しやすいと思います。

オリジナルの小物を制作する場合は、和の色合わせを洋のアイテムに取り入れています。写真の「着物に似合う眼鏡」は、春夏秋冬をイメージした和の色をフレームにあしらって、眼鏡生産地で名高い、福井県・鯖江の職人技でひとつひとつ仕上げたもの。フィット感がほどよく、日本人の髪や肌色に品良くなじみ、着物でも洋服でも合う気がしています。

■ コーディネートの小さなヒント

［着物揃え］

・着物は古着でもお安いものではないので、時間をかけて計画的に揃えます。自分の寸法は手帖などにメモしておくと便利です。
・古着はサイズが重要。素敵な着物でも、サイズが合っていないと魅力が発揮できません。古着は自分サイズか、直して着られるものをえらびます。
・場所や目的によって変わりますが、おしゃれ着としての着物の１枚目は、「単衣」という裏地のない着物がおすすめ。6・9月というお出かけが楽しい時季の着物で着る機会が多く、裏地がないぶん値段的にもお財布にもやさしいから。単衣に慣れたら、10月から５月にかけて着る「袷」という裏地（八掛）のある着物と、優先順位をつけてえらびます。

［道具揃え］

・着つけに使う紐類は、伊達締め２本、腰紐１本、仮紐１本。帯には、帯板と帯枕。気軽に着るために道具は最小限です（ゴムの入っているものは着崩れを直しにくいので使っていません）。

［全体の着つけ］

・きれいに着る最大のコツは、自分の体に合った長襦袢を着ること。サイズが合わないと着崩れの原因になります。
・着物は平面な布を凹凸のある体に巻きつけるのですから、動けば着崩れて当然。着崩れない着方をするのではなく、着崩れても直せる着方をします。
・料理をどんな味つけに仕上げたいかと同じで、どんな着物姿にしたいか明確なイメージをもって着つけを。襟を詰めて清楚に、襟をやや抜いて粋に。印象を決めるのは襟や帯まわりです。

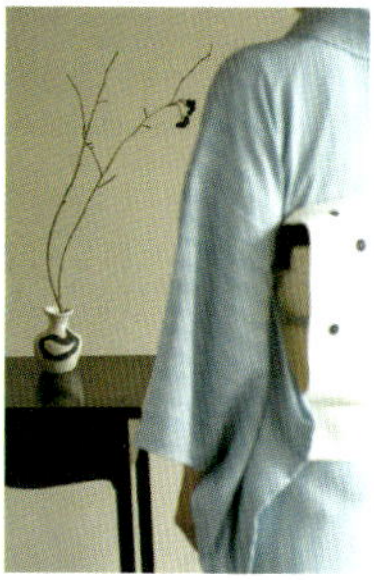

［帯］

・手先や柄の出し方など帯によって違う場合があり、てまどうことがあります。はじめて結ぶ帯は、必ず事前に試してみます。
・帯枕の紐はややゆるく結び、伊達締めのなかへ深く押し込めると帯枕が背中にフィットして締め心地がやわらかく、ごはんもたくさん食べられます。
・やわらかく着たいとき、帯によっては帯枕・帯板が必要ない場合もあります。
・夏はお太鼓が大きいと暑苦しいので、夏帯はやや小さめにすると軽やかです。

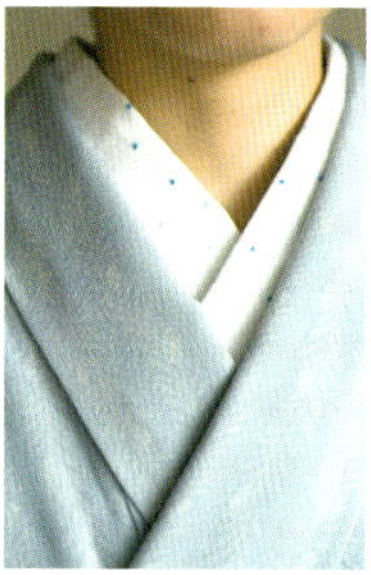

［半襟］

・半襟の色えらびに迷ったら、帯揚げか長襦袢の色と合わせます。
・色半襟や刺繍半襟はおしゃれ着物に、白地に金銀の刺繍入り半襟は礼装用の着物に、と使い分けます。
・きちんとした場へ着ていくときは、襟元をぴしっとおさえ、襟は抜きすぎません。
・普段着でゆったり着たいときは衿芯を使いません。本誌でもいつくかは衿芯を使わずラフに着つけています。

上野淳美 Atsumi Ueno

北海道江別市出身。大手ファッションメーカー勤務を経て、2003年より札幌市にてギャラリー「oteshio」を主宰し、着物コーディネーターとして独立。着物を主にした布、現代クラフトの器やアクセサリー、日本、ヨーロッパ、アジアから集めたアンティークなど、古今東西の手仕事のモノを扱う。その類まれなセレクト眼により、小説家・上橋菜穂子氏『バルサの食卓』（新潮文庫）の器スタイリングなども担当し、また小説家・小川 糸氏がアンティーク着物屋の女主人を描いた作品『喋々喃々』（ポプラ文庫）でも取材協力。古いモノ × 新しいモノをミックスしたモダンスタイルにファンが多く、多方面で活躍。

Special thanks

イデ妙子、伊藤康子、内田みち子、内間ルミ子、
（株）江紋屋、高阪美子、小林克彦、坂本朋子、
櫻井優子、（株）大染、ティモールテキスタイル、
名村真理、PERFECTNUMBER、原田尚雄、
Barca、バンドカフェ、平山耀子、
びんがた工房くんや、細谷喜子、松田祥子、
三上香織、三船 環、Richard Dean Ide、
山形昌枝、横山和嘉子
（敬称略）

デザイン　高橋 了（mountain graphics）
写 真　大沼ショージ
スタイリング・構成　おおいしれいこ
校 正　大谷尚子
編 集　中村亜紀子

日本のおしゃれ ［七十二候］
季節とつながる着物えらび、小物合わせ

2014年3月22日第1版第1刷発行

発行者　玉越直人
発行所　WAVE出版
〒102-0074　東京都千代田区九段南4-7-15
TEL03-3261-3713　FAX03-3261-3823
振替 00100-7-366376
info@wave-publishers.co.jp
http://www.wave-publishers.co.jp

印刷・製本　東京印書館

©Atsumi Ueno,2014 Printed in Japan

落丁・乱丁本は送料小社負担にてお取り替えいたします。
本書の無断複写・複製・転載を禁じます。

ISBN978-4-87290-676-9
NDC593 159P 21cm